Bernhard Kempa – Ball ist Trumpf

…mein besonderer Dank gilt Paul Allmendinger

Bernhard Kempa

Ball ist Trumpf

BuchIPa

Umschlagentwurf: Rainer Simon

Bildnachweis:
Alle Abbildungen stammen aus dem Archiv des Autors

Die teilweise geminderte Abbildungsqualität ist auf das Alter der Aufnahmen zurückzuführen.

1. Auflage 2000
Lektorat: Susanne Arnold
Gesamtproduktion: IPa, 71665 Vaihingen/Enz
Printed in Germany

ISBN 3-933486-25-4

Inhalt

Vorwort

Der 80. Geburtstag von Monsieur Handball wird Anlaß sein, die Stationen der einzigartigen Karriere Bernhard Kempas wieder einmal aufzuzählen. Nicht nur der „Kempa-Trick“ ist Legende, sondern auch der Welt bekanntester Handballspieler und Erfolgstrainer von Frisch Auf Göppingen, der Experte auf den Handballplätzen der Welt. Das alles ist die reiche Geschichte einer Sportler-Persönlichkeit, wie sie nur einmal im Jahrhundert sichtbar wird.

Die vielen Ehrungen, die dem Handball- und (im zweiten Lebensabschnitt, muß man auch hinzufügen) dem Tennis-As zuteil wurden, sind ebenfalls schon zur legendären Geschichte geworden.

Trotzdem ist es wichtig, daß dieses Buch erscheint und einer jungen Generation zeigt, wie ohne Berufssport und ohne Doping-Diskussion sportliches Können, Einfallsreichtum, Disziplin und Ausdauer Vorbildpersönlichkeiten formen.

Was bleibt, ist im 80. Lebensjahr die Legende, aber auch der sympathische Bernhard Kempa, so, wie ich ihn kennengelernt habe; mit ihm auf dem Tennisplatz stand; immer wieder mit ein paar Freunden zusammensaß, um über Gestern zu reden, die Welt der Gegenwart zu betrachten und über die Zukunft zu spekulieren.

In herzlicher Verbundenheit schreibe ich deshalb für den guten Freund das Vor- und Grußwort zugleich.

Dr. h.c. Lothar Späth
Ministerpräsident a.D.

„Bernhard Kempa“ ist ein Begriff

Für einen wie mich, der jahrelang selbst begeisterter Handballspieler und Handballtrainer war, ist Bernhard Kempa ein Begriff von der Trainingsstunde an. Dies nicht etwa deshalb, weil man schon in der ersten Trainingsstunde den weltberühmten „Kempa-Trick“ lernt, sondern deshalb, weil Bernhard Kempa schon zu seinen aktiven Spieler- und Trainerzeiten eine Handball-Legende war. Bernhard Kempa war das bewunderte Idol, das Vorbild, dem man gerne nachgeeifert und nachgefolgt wäre, und er wurde von verschiedenen Trainern, ob im Jugendtraining oder später bei der Trainerausbildung, nicht nur immer wieder als der beste Handballspieler seiner Zeit, sondern vor allen Dingen als der fairste vor- und dargestellt: Er hat als aktiver Spieler bei Frisch Auf Göppingen in zehn Jahren kein einziges Mal die rote Karte gesehen. Dies ist wohl einmalig für einen Spieler in einer solchen Klasse auf der ganzen Welt!
Damit ist er ein ganz hervorragendes Vorbild und ein großer Sportsmann, dessen sehr positive Einstellung zum Sport in der Schule, im Verein, in der Nationalmannschaft und über Jahrzehnte hinweg in der Jugendförderung ohne Beispiel ist.

Als aktive Spieler waren wir früher selber sehr stolz darauf, wenn wir den von ihm entwickelten „Kempa-Trick“, der heute in der ganzen Welt von den Spitzensportlern gespielt wird, beherrscht und damit Tore erzielt haben.

Der große Handballer und vorbildliche Sportsmann Bernhard Kempa ist mir nicht nur während meiner aktiven Spieler- und

Trainerzeit aufgrund seiner Erfolge und seiner hervorragenden Einstellung immer ein Vorbild gewesen; auch nach seiner Handballzeit ist er sportlich ja nicht untätig geblieben, sondern hat im Tennis ebenfalls alles erreicht, was man als Sportler nur erreichen kann; ich erinnere mich, ganz offen gesagt, nicht so wahnsinnig gerne daran, daß ich bei einem Prominenten-Tennisturnier einmal gegen ihn, obwohl mehr als eine Generation jünger, fürchterlich verloren und dabei ganz alt ausgesehen habe.

Ich wünsche Bernhard Kempa, diesem großartigen Sportler und Vorbild für alle nachfolgenden Generationen, daß er noch viele Jahre dem Sport mit seiner Begeisterungsfähigkeit und mit seiner Vorbildfunktion erhalten bleiben kann; herzlich alles Gute!

Dr. Walter Döring, MdL

Stellvertretender Ministerpräsident und
Wirtschaftsminister des Landes Baden-Württemberg

Handball-Idol Bernhard Kempa

Kaum eine andere Persönlichkeit hat den Handballsport so geprägt wie Bernhard Kempa. Wenn ein kleiner Junge in der Schule oder im Sportverein erstmals Handball spielt, fällt mit Sicherheit der Name Kempa. Und wenn man heute für Frisch Auf Göppingen oder die deutsche Handball-Nationalmannschaft Ziele formuliert, kommt man auch wieder zum Handball-Idol Bernhard Kempa.

Wenn man ihn heute mit großem Erfolg Tennis spielen sieht, fällte es schwer, sein Alter von 80 Jahren zu glauben.

Ich freue mich auf weitere Begegnungen mit ihm als Doppelpartner oder Gegner beim Tennisturnier um den „Picasso-Cup" und wünsche ihm von Herzen Gesundheit, Zufriedenheit und Lebensfreude für viele zukünftige Lebensjahre.

Günther H. Oettinger, MdL
CDU-Fraktionschef

Kempa und Göppingen – eine Medaille

Bernhard Kempa und die Sportstadt Göppingen – das sind zwei Seiten ein und derselben Medaille! Seit mehr als einem halben Jahrhundert ist Bernhard Kempa Idol und Vorbild, das zum sportlichen Wir-Gefühl in Göppingen entscheidend beigetragen hat, und sympathischer Botschafter der Hohenstaufenstadt auf allen Sportplätzen der Welt.
Zwar wurde Bernhard Kempa nicht in Göppingen geboren, sondern kam in Oppeln/Oberschlesien zur Welt. Doch 1947 führte das Schicksal die Stadt und den Mann zusammen: Gemeinsam mit rund 14 000 Heimatvertriebenen kam Bernhard Kempa in die Hohenstaufenstadt und fand hier ein neues Zuhause. Mit seinen Brüdern Achim und Gerhard sowie seiner Schwester Anni, mit den anderen Flüchtlingen und mit den Einheimischen legte er Hand an am Wiederaufbau der durch den Krieg zerstörten und durch den Flüchtlingsstrom rasch wachsenden Stadt. Bernhard Kempa wurde schnell vom Neu- zum Mitbürger und zum Vorbild, zur Integrationsfigur seiner Schicksalsgefährten.

Hohen Anteil hatte dabei der Sport. Schon in der schlesischen Auswahl war Bernhard Kempa mit seinen Brüdern aktiv, doch erst in der Hohenstaufenstadt, bei Frisch Auf Göppingen, fand er die Kameraden, die Voraussetzungen, die seine beispiellose Karriere ermöglichten. Von 1947 bis 1957 Spielertrainer, führte er die Mannschaft von Frisch Auf Göppingen zu deutschen Meisterehren auf dem Feld und in der Halle. Bis 1960 dauerte seine erste

Trainerstation in Göppingen, die er mit dem Gewinn des Europacups krönte. „Monsieur Handball“, der „Fritz Walter des Handballs“ – Bernhard Kempa erwies sich als wohl berühmtester Botschafter seiner Heimatstadt Göppingen. Noch heute ruft der von ihm kreierte und 1954 erstmals gezeigte „Kempa-Trick“ Bewunderung auf allen Handball-Spielfeldern hervor! Und ob die Hohenstaufenhalle, heute aus dem sportlichen, kulturellen und Messe-Leben der Stadt nicht mehr weg zu denken, auch ohne die von Bernhard Kempa ausgelöste Erfolgswelle und Handball-Euphorie gebaut worden wäre – wer weiß?
„Ball ist Trumpf“ – diesem Motto bleibt Bernhard Kempa auch in seiner zweiten beispiellosen Sportkarriere treu. Im August 1976 konnte der damalige Göppinger Oberbürgermeister erstmals Bernhard Kempa zum Württembergischen Meistertitel der Tennis-Senioren gratulieren – zahlreiche weitere Glückwünsche zu deutschen, europäischen und Weltmeisterschaften folgten bis heute. Die Sportstadt Göppingen ist stolz und glücklich, einen solchen Botschafter zu haben, der den Namen seiner Heimatstadt auf so erfolgreiche und dabei menschlich stets angenehme Weise weltweit vertreten hat und vertritt.

Reinhard Frank
Oberbürgermeister

Ein eleganter Künstler am Ball

Ein weiter Bogen spannt sich seit meiner ersten Begegnung mit Bernhard Kempa im Frühjahr 1947 in München im Stadion an der Arnulfstraße. Nicht lange danach kam es zu der einzigartigen und glücklichen Symbiose zwischen dem so eleganten Künstler am Ball und Frisch Auf Göppingen mit seiner begeisterten Handballregion, die über mehrere Dezennien hinweg im Handballgeschehen Deutschlands und auch Europas führend wurde. Später, als Senior, brillierte Bernhard Kempa in der Tennisszene mit unzähligen Titeln.

Nun, zu seinem 80.Geburtstag, dokumentiert er seine Erinnerungen in einem Buch und schreibt seine Geschichte, die Geschichte des Zauberers mit dem Ball.

Heinrich Zeller
Ehrenvorstand des
Frisch Auf Göppingen

Lieber Bernhard,

wir haben vieles gemeinsam. Wir haben mit dem Handballsport – Feldhandball – begonnen, haben beide Basketball gespielt und in späteren Jahren Tennis. In allen Sportarten war Bernhard Kempa um Klassen besser als ich. Jetzt wird Bernhard Kempa 80 und in diesem seinem 80. Lebensjahr hat er in seiner Altersklasse vier Europameistertitel errungen. Er bleibt also mein Vorbild, allerdings unerreichbar. Ich denke gerne an viele Begegnungen, an die intensive Zusammenarbeit anläßlich der Session des IOC im Jahre 1981 in Baden-Baden und einige Jahre früher, 1972, während der Olympischen Spiele in München.

Für besondere Leistungen im Sport wurde Bernhard Kempa 1982 von der Deutschen Olympischen Gesellschaft mit der Silbernen Plakette ausgezeichnet.

In Freundschaft und Verbundenheit wünsche ich Bernhard Kempa viele Jahre in Gesundheit und mit Freude an der Fortsetzung seiner unvergleichlichen sportlichen Laufbahn.

Walther Tröger

Walther Tröger
Präsident des Nationalen
Olympischen Komittees

Herzlichen Glückwunsch, Bernhard Kempa!

„ ... das schaffen Sie leicht! Das wird schon klappen!“ Ja, so war er: Studienrat Bernhard Kempa, Sportdozent an der Pädagogischen Hochschule Esslingen und Handball-Denkmal zugleich, beherrschte schon immer die Kunst der Motivation, ohne viel Federlesens verantwortungsvolle Aufgaben an „Grünschnäbel“ zu übertragen, weil er ein feines Gespür dafür hatte, wem er Aufgaben und Verantwortung in die Hände drücken konnte. Ich erinnere mich herrlicher gemeinsamer, von großer Kameradschaft geprägter Lektionen und spannender Turniere in meiner Studienzeit zwischen 1966 und 1969. Er steckte alle mit dem „Handball-Virus“ an, die mit ihm zusammen sein sportliches Umfeld in der „ältesten Lehrerbildungsanstalt Württembergs“, Esslingen, gestalteten.

Er war es, der mich in diesen Jahren schon von der Notwendigkeit überzeugte, das Ehrenamt eines Jugendbetreuers und Jugendtrainers im Verein zu übernehmen. Er akzeptierte alle Leistungsebenen, wenn er den Willen einer „Handballmission“ spürte. Er stärkte jedem den Rücken, der mit „Lust und Liebe“ seine Übungsstunden absolvierte.

Was daraus geworden ist, dürfte bekannt sein: Heute habe ich die Ehre, als Präsident des drittgrößten Handball-Landesverbandes in Deutschland den Vorspann dieses Buches mitgestalten zu dürfen. Seine Handball-Philosophie ist für uns in den Handballverbänden Deutschlands so jung wie eh und je. Sein weltbekannter Trick ist auch „lupenreinen TV-Amateuren“ geläufig; unsere Jugend-Auswahlspieler zelebrieren den „zwei- und dreifachen Kempa“ mit großer Freude. Seine vorbildliche Art, Handball zu spielen, ist für viele Jungen und Mädchen noch immer ein nachahmenswertes und erstrebenswertes Ziel. Bernhard Kempa lebte bis zum heutigen Tag seinen Sport so überzeugend vor, indem er nicht nur fragt, was der Mensch sportlich leisten kann, sondern auch, was der Sport menschlich zu leisten imstande ist.

Michael Giehrl
Präsident des Handballverbandes Württemberg

Immer ein Vorbild für die Jugend

Obwohl dem Fußball verfallen, habe ich Sie und Ihre Mannschaft FA Göppingen bereits als kleiner Junge bei den Gastspielen im Handball in Bietigheim als Trainer bewundern können. Es hat mich begeistert, wie attraktiv Ihr Team spielte. Unvergessen auch die „Handballschlachten" im Europa-Cup in der Halle 6 auf dem Killesberg. Sie und Ihre Mannschaft waren Spitze in Europa und die zahlreichen Zuschauer dankten Ihnen dafür. Der „Kempa-Trick" wurde zum Inbegriff im deutschen Handball.

Und nach dieser Handball-Zeit werden Sie wieder eine Sportgröße. Im Tennis gewinnen Sie Titel um Titel und sind wieder für Deutschland im Einsatz, um Weltmeister zu werden.

Aber ebenso war es stets Ihr Ziel, junge Menschen in allen Bevölkerungsschichten an den Sport heranzuführen, ob im Leistungs- oder Freizeitsport. Solche Sportidole gibt es nur noch wenige in unserem Land. Wir sind stolz darauf, daß Sie unsere Sportart publik machen und hoffen, daß viele junge Menschen Sie zum Vorbild nehmen, um im gleichen Stil zu versuchen, den Sport in den Mittelpunkt in ihrem Leben zu stellen. Ich bin stolz darauf, Sie über viele Jahre beobachten und erleben zu dürfen. Ich wünsche Ihnen für die Zukunft alles Gute, vor allem Gesundheit und noch viel Spaß am Sport, besonders im Tennis.

Walter Knapper
Präsident des Württ. Tennis-Bund e.V.

Lieber Freund Bernhard Kempa!

Ich bin sehr stolz, daß ich zu Deinem 80. Geburtstag eine Grußbotschaft übermitteln darf.

Deine großen Erfolge im Handball, im Hallenhandball und später im Tennis haben Dich zu einer großartigen Persönlichkeit der sportlichen Welt gemacht. Weltweit spielen heute Handballer aller Erdteile gelegentlich den „Kempa-Trick“, der von Dir mit Frisch Auf Göppingen populär gemacht wurde.
Wir sportlichen Gegner von einst sind inzwischen Freunde fürs Leben geworden. Gerade deshalb wünschen alle aus dem Freundeskreis der Olympiasieger/Weltmeister und Deutschen Meister im Handball weiterhin Freude am Sport, gute Gesundheit und ein bestes Wohlergehen.
In Freundschaft

Otto Maychrzak

Warum ich dieses Buch schreibe

Da war zunächst nur der Gedanke, die Erlebnisse aus acht Jahrzehnten einfach aufzuschreiben, zur eigenen Erinnerung, und auch für die Nachkommen, falls sie sich dafür interessieren; dann aber auch um aufzuzeigen, welche Bedeutung der Ball in meinem Leben hatte.

Damit verbunden war, nicht nur die sportlichen Erfolge zu erwähnen, sondern auch die Entwicklung des Ballspiels, die Veränderungen des Sports überhaupt aufzuzeigen. Mein besonderes Anliegen war dabei, den jungen Sportlern zu vermitteln, welche Freude am Spiel, welche intensiven Erlebnisse damals auch ohne Spitzentechnik, wissenschaftliche Betreuung und ohne die Dominanz des Geldes als reiner Amateur möglich waren.

Schließlich war es mir damit auch möglich, meinem Verein, dem ich seit 53 Jahren am längsten verbunden bin, und meinen Kameraden, Freunden und Anhängern zu danken.

Bernhard Kempa

Bernhard Kempa

No sports – Schule und Kirche wichtiger

Nur wenige Kinder haben Eltern, die im Sport Rekorde aufgestellt haben. Als ich zur Welt kam, am 19. November 1920 in Oppeln (Oberschlesien) als einer von fünf Jungen – außerdem gab es noch zwei Mädchen –, waren sportbesessene Eltern noch etwas Rares. So hatte mein Vater bei sieben Kindern manchmal am Abend, wenn er vom Dienst nach Hause kam, seine liebe Not, die Übersicht zu behalten. Aber seine Strenge half ihm über solche Schwierigkeiten hinweg. Beide Eltern waren sich in ihrer Anschauung einig, daß jegliche Art von Sport abzulehnen sei. Der Gottesdienst am Sonntag und in der Woche die Schule gingen vor. Gerade das aber war für uns Kinder schwer zu akzeptieren.

Was wäre das schon für ein richtiger Junge gewesen, der in der damaligen Handballhochburg Oppeln nicht auch dieses Spiel betrieben hätte! Die zwei älteren Brüder Georg und Richard spielten bereits heimlich in der 1. Mannschaft, während wir drei Jüngeren, Gerhard, Achim und ich, noch zu den Zuschauern hinter dem Tor gehörten. Es war eine wundervolle, aberteuerliche Zeit. Alle hielten wir fest zusammen.

Wie bewunderte ich immer meine älteste Schwester Marta, wenn sie heimlich die Sportbekleidung wusch, trocknete und bügelte und dann am Sonntag zu verabredeter Zeit die Tasche mit den Sportsachen aus ihrem Zimmerfenster im 1. Stock am Seil herunterließ. Alles weitere war die Aufgabe von uns drei „Zuschauern“. Einer von uns machte die „Beute“ vom Seil los, verschwand wie ein Indianer im Garten Richtung Zaun, wo bereits der Zweite zum „Beutewechsel“ bereitstand und wie ein Sieger zum Sportplatz rannte; der Jüngste stand Schmiere. Nach dem Spiel erfolgte alles in umgekehrter Reihenfolge.

Voller Bewunderung sah ich meinem ältesten Bruder zu, wenn er von Vaters Sohlenleder die Stollen für die Handballschuhe anfertigte, ohne daß es jemand besonders auffiel. Bei größeren Spielen war ich überglücklich, wenn ich neben den „Stars" herlaufen und ihre Sporttasche tragen durfte. Das bedeutete, daß ich zur Belohnung mit ins Stadion eingeschmuggelt wurde.

Eines Tages jedoch wurde der Vater mißtrauisch, und ganz unerwartet trat er am Sonntag den Weg zum Sportplatz an, der ihm bestimmt schwer genug fiel. Er wollte wissen, ob sich einer seiner Söhne dort aufhielt, wobei er vor allem den Ältesten, Georg, in Verdacht hatte. Einer von uns bemerkte ihn jedoch rechtzeitig und warnte den Bruder: „Bleib in der Kabine, Vater ist da!" So begann das Spiel zunächst ohne Georg nur mit 10 Spielern. Vater war beruhigt, daß er keinen seiner Söhne unter den Spielern sah und ging wieder nach Hause. Erst dann lief der Bruder auf's Feld.

Aber irgendwann gingen auch diese Täuschungsmanöver zu Ende. Vater und Mutter hatten zufällig im Radio gehört – wir besaßen damals einen Volksempfänger –, daß ein Kempa mit viel Erfolg mitgespielt habe. Jetzt war die Katze aus dem Sack. Doch die Mutter war ein bißchen stolz auf ihren Sohn, besänftigte den Vater und steckte diesen sogar mit ihrer Freude ein wenig an. Als ihm dann seine Kollegen am darauffolgenden Montag aus dem Sportteil unserer Tageszeitung vorlasen, gratulierten sie ihm zu diesem erfolgreichen Sohn.

Jetzt war das Eis gebrochen. Endlich durften wir, und das galt für alle Jungen, hinter dem Ball herjagen. Ich rückte vom Zuschauer mit 15 Jahren zum aktiven Spieler in die Jugendmannschaft des Postsportvereins Oppeln auf. Natürlich hatte ich zuvor heimlich das Training der Jugendmannschaft besucht. Mit Begeisterung nahm ich im Sommer an der Leichtathletik teil und besuchte im Winter die Turnabende. So schaffte ich es bereits mit 17½ Jahren, daß ich in die aktive 1. Mannschaft aufgenommen wurde.

Wenn ich heute nach so vielen Jahren zurückblicke, kommt es mir vor, als wäre diese Zeit im Eilzugtempo vorbeigegangen.

Elf Kempa-Tore schufen den Sieg

Mit 13:12 sicherte Post-SV. sich den zweiten Tabellenplatz

In dem Spiel zwischen den Handballmannschaften des Post-SV. Oppeln und des Polizei-SV. Breslau, das gestern im Oppelner Stadion stattfand, ging es um den zweiten Tabellenplatz. Dieser Umstand gestaltete das Spiel besonders spannend und veranlaßte beide Parteien, ihr bestes Können aufzubieten. Es war wohl das interessanteste Spiel der beendeten Spielzeit, das den vielen Zuschauern gestern geboten wurde und der knapp ausgefallene Sieg von 13:12 drückt die Gleichwertigkeit der Gegner und die Hartnäckigkeit des Kampfes aus.

Die Zuschauer waren zufriedengestellt, und die Jugend gab ihrer Freude über den Erfolg der Postler am Schluß durch lauten Jubel kund. Im Blickfeld aller stand gestern Paul Kempa, der sich mit seinen Vereinskameraden in besonders aufopfernder Weise einsetzte und sich als der Torschütze des Tages entpuppte. Er vollbrachte die Leistung, elf Tore zu schießen! Weil Kempa sich so wurfsicher zeigte, überließen ihm seine Nebenleute stets den Ball und schickten ihn immer wieder ins Feuer. Das Zusammenspiel war auf beiden Seiten gut, und im Eifer ließ sich keiner der Spieler den Rang ablaufen. Auf Seiten der Breslauer stand der bessere Torwart.

Wie schon so oft, schoß Kempa das Führungstor für Oppeln. Dabei blieb es zunächst, denn die Breslauer Verteidigung, in der Rachner spielte, wehrte energisch ab, und es setzte eine Serie von Breslauer Angriffen ein, die ziemlich unheilvoll für Oppeln ausliefen. Zehn Minuten nach Beginn lautete das Ergebnis 3:1 für Breslau. Zwar holte Stoschek ein Tor auf, aber Breslau war durch Kindler und Schöpke weit erfolgreicher. Die Führung lag lange bei Breslau, und es bedurfte einer großen Energieleistung der Oppelner, bis Breslau eingeholt wurde. Auch das 5:5 vermochte Breslau noch vor der Pause durch einen Dreizehnmeter auf 6:5 zu verbessern

In der zweiten Halbzeit hatten die Stürmer das erste Wort, die in langen Würfen sich nach vorn durchschlugen und nicht müde wurden, kraftvoll zu schießen. Die Führung wechselte in rascher Folge und zehn Minuten vor Schluß gab es bei dem Stand von 10:10 noch keine Entscheidung. Die anfeuernden Zurufe der Zuschauermenge bewirkten, daß beide Parteien jetzt alles auf die Karte setzten. Verteidiger halfen im Angriff aus, und Stürmer waren im nächsten Augenblick bei harter Verteidigungsarbeit zu beobachten. Oppeln führte schließlich 13:10, aber ein Verschnaufen durften sich die Postler nicht gönnen. Der Gegner war noch viel zu frisch und von dem Gedanken beseelt, das Ergebnis zu seinen Gunsten zu ändern. Sie schossen noch zwei Tore. Ihren weiteren Anstrengungen setzten die Oppelner alle Widerstandskraft entgegen und blieben knappe Sieger. Damit erkämpften sie sich in der schlesischen Handballgauklasse den zweiten Platz, den sie auch vollauf verdient haben.

37 Tore in zwei Handballspielen

Im Bezirk Oppeln nahmen gestern die Handball-Verbandsspiele ihren Beginn. Auf dem RSG.-Platz in Bolko spielten am Vormittag der TV. Groschowitz und die RSG. Oppeln. Die Reichsbahner spielten mit großem Eifer und waren ihren Gästen, die nur mit 10 Mann angetreten waren, stark überlegen. Oppeln siegte mit 1[illegible]:6 (6:3). — Die A-Jugend des Post-SV. gab der Jugend der RSG. Oppeln mit 10:5 (3:2) das Nachsehen.

Vogt wieder k. o.-Sieger. Der Hamburger Hanseaten-Ring hatte mit seinen nationalen Berufsboxkämpfen einen hübschen Erfolg. Im Hauptkampf zeichnete sich wiederum der Hamburger Halbschwergewichtler Richard Vogt durch einen k. o.-Sieg, den 6. in seiner Berufsboxerlaufbahn, aus. Maier-Singen verteidigte sich tapfer, in der 8. Runde wurde er jedoch von Vogt genau am Kinn erwischt und ausgezählt.

Die schlesischen Vorbereitungen für die am 19. Februar beginnenden Kämpfe um den Adlerpreis des Reichssportführers haben nunmehr ihr Ende gefunden. Auf Grund der in den Pflichttreffen und den beiden, am Dienstag und gestrigen Donnerstag im Sportpark Grüneiche durchgeführten Ausscheidungsspiele hat nunmehr Gaufachwart Rudolph folgende Spieler mit der schweren Aufgabe, Schlesien gegen die aufstrebenden Pommern zu vertreten, betraut:

Hielscher
(MSV. IR. 49 (Borussia)

Pfennig (Sagan) — **Rachner** (Polizei-Breslau)

Kempa II — **Kempa I** (beide MSV. IR. 49) — **Stockloßa** (Post-Oppeln)

Dr. Reischies (VfB. Bresl.) — **Meinert** (IR. 49) — **Waletzko** (Post-Oppeln) — **Vorlob** (IR. 49) — **Kempa III** (Post-Oppeln)

Als Reservespieler wurden ferner für den Oppelner Kampf der Torwart Fabian (VNN. Breslau), die noch nicht völlig wiederhergestellten Stammspieler Zeidler (Verteidigung) und Wittig (Läuferreihe) sowie in der Hintermannschaft Knobloch (Cherusker-Görlitz) und im Sturm Stoschek (Post-Oppeln) und Schaepke (Polizei-Breslau) nominiert.

Gaureserve führte 7:3 und verlor 8:7

Nach dem leidlich zufriedenstellenden Spiel der A-Mannschaft am Dienstag mußte man gestern erleben, daß die neuen Gaurepräsentanten fast durchweg schwächer spielten als vorher. Zwar mußten sie mit dem wegen des Berufswettkampfes unabkömmlichen Waletzko und dem grippeerkrankten Dr. Reischies auf zwei ihrer Motoren im Sturm verzichten, dennoch ließen sie in der Aufstellung: Urban; Pfennig, Proske; Kempa II, Stockloßa, Jael; Schoefer, Meinert, Handballehrer Speer, Stoschek und Kempa III jegliche Linie und ihren sonstgewohnten Kampfgeist vermissen, so daß die Gaureserve, die sich mit Hielscher; Rachner, Brokof; John, Knobloch, Kindler; Weihrauch, Schaepke, Kleb, Vorlob, Gewohn dem Schiedsrichter Zgorzelsky stellte, die größte Zeit ein besseres Spiel vorführte. Einzig Pfennig in der Verteidigung, Kempa II und Stockloßa im Lauf und Meinert im Sturm der A-Mannschaft konnten einigermaßen befriedigen, während Handballehrer Speer die schwere Aufgabe blieb, gleichzeitig zu erklären und vorzumachen. Durch Weihrauch, Kleb, Schaepke und Gewohn führte die B-Mannschaft, die ein viel flüssigeres Spiel vorführte, bei Halbzeit verdient mit 4 : 3 und konnte nach dem Wechsel sogar durch Schaepke (2) und Vorlob auf 7 : 3 enteilen. Dann erst kam die A-Mannschaft, bei der nach dem Wechsel Kleb für den Handballehrer Speer eingesetzt wurde, nach auffällig zahlreichen Lattenschüssen durch Tore von Schoefer (3), Meinert (2), Kempa III (2) und Stoschek in letzter Minute noch zu einem knappen und nicht verdienten 8 : 7-Siege.

Berichte in der Oppelner Tageszeitung über ein Rundenspiel um die Schlesische Meisterschaft.

Dann kam der Krieg. Ich hatte Glück, den schweren Winter 1941/42 in Rußland bei großer Kälte zu überstehen. Als der Krieg zu Ende ging, war ich gerade als Soldat in München entlassen worden und suchte nach einer Bleibe. In meine alte Heimat konnte ich nicht mehr zurück, weil Oppeln bereits von den Russen besetzt war. So wurde ich bei einem Bauern in Aubing bei München Erntehelfer.

Dabei ist mir vor allem eine sportliche Höchstleistung in Erinnerung: Ich mußte in aller Frühe mit dem Ochsenfuhrwerk das Grünfutter für das Vieh holen; in Unkenntnis der korrekten Kommandos für den Ochsen verwechselte ich „Hü" mit „Hott" – und nahm daher bei meiner rasanten Fahrt eine Hausecke mit (heute noch zu sehen!). Dies schien mir umso bemerkenswerter, als man mir sagte, daß meine Gangart um diese Zeit (fünf Uhr morgens) noch gemächlicher als die des Ochsen gewesen sei.

Anders dagegen beim *Fußball*training in Aubing: Obwohl Handballer, wurde ich auf dem Fußballplatz als Mittelstürmer eingesetzt und konnte sogar als Ersatztorwart verblüffen, weil ich die hohen Bälle nach Handballerart mit einer Hand, statt wie üblich mit beiden Händen, auffing. Selbst als „Elfmeterkiller" war ich erfolgreich. In einem Spiel konnte ich zwei Strafstöße halten, den dritten schoß der Stürmer genervt gleich über das Tor.

Bald hatte ich Kontakt zu den Handballern von 1860 München und übernahm dort das Training. Bereits ein Jahr später wurden wir Südbayerischer Meister. So wurde ich bald als Mittelstürmer für die Süddeutsche Auswahlmannschaft nominiert, die 1948 und 1949 Deutscher Pokalmeister wurde. Kurze Zeit später wurde ich auch in die Nationalmannschaft berufen. Darüber später mehr.

Durch Empfehlung erhielt ich eine Anstellung beim Bayerischen Roten Kreuz in der Wagmüllerstraße. Mit Hilfe des Suchdienstes des BRK konnte ich bald meine Schwester Anni in der Oberpfalz ausfindig machen. Ich forschte weiter nach meiner Familie, und als ich später nebenbei bei der US-Army als sportlicher Leiter tätig war, fand ich durch deren Kriegsgefangenenkartei auch noch heraus, wo sich meine beiden Brüder Gerhard und Achim in Gefangenschaft aufhielten. Beide waren in Italien und bald konnten wir in München zu viert ein Wiedersehen feiern.

Der Anfang in Göppingen. Mit den Brüdern Achim (li) und Gerhard (re) sowie Schwester Anni im trauten Heim.

Obwohl die Zeit in München recht erfolgreich war, hatten wir ein Problem: Ich wohnte mit meinem Bruder Gerhard in Aubing in einem Gartenhäuschen ohne Strom und Heizung. Als der Herbst kam und die Bemühungen der 1860er, mir bei der Wohnungssuche im stark zerstörten München zu helfen, fehlschlugen, stand mein Entschluß fest: Ich gehe mit meinen Geschwistern dort hin, wo ich eine Wohnung für alle vier finden würde. Der Zufall half uns. Bei einem Freundschaftsspiel von 1860 in Geislingen/Steige wurde uns von Vertretern des Vereinsvorstandes Frisch Auf Göppingen ein großer Raum im Obergeschoß des Clubhauses zum Ausbau als Wohnung angeboten. Wir griffen zu, und mit Hilfe von Vereinsmitgliedern, die Handwerker waren, und viel Eigeninitiative schafften wir es 1947, in eine kleine gemütliche Wohnung einzuziehen. Unsere Schwester Anni führte uns den Haushalt. Vom

Clubhaus aus hatten wir einen schönen Blick auf den Hohenstaufen und alle drei Brüder spielten Handball beim Frisch Auf.

Leider konnten wir unsere beiden älteren Brüder Georg und Richard nicht mehr in unsere Mitte holen. Sie waren vor dem Krieg bekannte schlesische Repräsentativspieler gewesen und wir träumten davon, daß vielleicht alle fünf Brüder zugleich in einer Auswahlmannschaft stehen könnten. Der Krieg aber hatte diesen Traum zerstört. Georg und Richard kamen nicht mehr zurück.

Ja, so war das damals, mehr als ein halbes Jahrhundert ist es nun her, aber die Odyssee ist mir unauslöschlich im Gedächtnis geblieben, mit allen Licht- und Schattenseiten. Und das versöhnliche Ende: Bald hatten wir auch wieder eine Verbindung zu unseren Eltern, die noch in Oppeln lebten. Sie zu uns nach Göppingen zu holen, das war jetzt unser Ziel. Dies gelang uns aber nur teilweise: Mutter und die älteste Schwester Marta waren 1950 wieder bei uns, aber der Vater war ein Jahr zuvor gestorben.

Nach fünfjähriger Trennung wieder beisammen. Mutter Kempa und Schwester Marta konnten aus Oppeln nach Göppingen nachkommen. Zwei Kempa-Brüder waren im Krieg gefallen, Vater Kempa 1949 in Oppeln/Oberschlesien gestorben.

Hinzuzufügen ist noch, daß ich bereits 1946 in München-Steingaden mein zweijähriges Sportstudium begonnen hatte. Ab 1947 war ich aber nun in Göppingen und mußte für meine Geschwister sorgen. Gerhard konnte sein Ingenieurstudium abschließen, Achim machte das Abitur und für Anni fanden wir eine Anstellung als Sekretärin. Ich reiste ein Jahr lang von Göppingen nach Steingaden, um die Woche über dort zu studieren. Das hieß aber auch: Am Wochenende zurück nach Göppingen zum Spiel – und das alles ohne Auto.

Gottseidank hatten diese Strapazen mit dem Abschluß meines Studiums 1948 ein Ende. Ich war nun als Sportlehrer an der Wirtschaftsoberschule in Göppingen tätig und der Verein konnte mir jetzt das Training der Männer- und Jugendmannschaften übertragen.

Die drei FA-Handballer Gerhard (li) Bernhard (Mi) und Achim (re).

Am Anfang war ein Schrebergarten

Die erste Saat wurde gewissermaßen in einem Schrebergarten ausgelegt. Der alte Sportplatz an der Hohenstaufenstraße war im Krieg in ein nützliches Gartenobjekt umgewandelt worden, aber weil die Handballer in Göppingen jetzt nach dem Krieg wieder Sporthosen anzogen, wurden statt Tomatenstangen wieder Torstangen gesetzt und anstelle von Kohlköpfen rollten wieder Bälle.

Es waren noch die „Alten", die da spielten, obwohl einige aus dem Krieg nicht mehr heimgekommen waren. Zunächst wurde Frisch Auf in einer Kurzrunde mit vier Auswärts- und drei Heimspielen Württembergischer Meister 1946. Bei meiner Übersiedlung von München nach Göppingen 1947 traf ich folgende Spieler an: Nieß, Bauer, Bäsler, Faul, Mayer, Czerwinski, Kessler, Ziegelin, Frey, Authenriet, Blessing, Schelling, Nagel, Hoffmann und Zierle; Burkhardtsmaier; Gerhard und Achim Kempa kamen 1948 zur Runde hinzu.

So war 1948 ein Jahr der Weichenstellung. Und die Bindung wurde immer fester. Wir wuchsen schnell zusammen und schon 1948 waren wir ein Team, das wie Pech und Schwefel zusammenhielt. Darum blieben auch die Erfolge nicht länger aus. Zum zweiten Mal Württembergischer Meister, ferner 2. Süddeutscher Meister und auch bei den Spielen um die „Deutsche" mischten wir schon tüchtig mit. Wir blieben schließlich auf der Strecke, weil es noch an Erfahrung und Cleverneß mangelte. Doch so viel Wissen und Können hatten wir uns schon zugelegt, daß wir auch 1949 wieder souverän Württembergischer Meister und Süddeutscher Meister wurden, aber im ersten Spiel um die „Deutsche" scheiterten wir an Polizei Hamburg.

Neben den aktiven zwei Männermannschaften war es meine Aufgabe, auch Jugendmannschaften zu trainieren. Der Turnclub Frisch Auf Göppingen legte schon immer großen Wert auf gute

Jugendarbeit. Der damalige Jugendleiter und spätere FAG-Präsident Dr. Heinrich Zeller verstand es in hervorragender Weise, die Jugendlichen in die verschiedensten Sportarten einzuführen, Heimabende zu gestalten, Zeltlager in den Ferien zu organisieren, den Kontakt zu den Eltern zu pflegen und die Kameradschaft zu fördern. So gelang es mir als Trainer im Laufe von sechs Jahren, aus 12jährigen einen ballgewandten und ballbegeisterten Nachwuchs heranzuziehen und eine neue moderne Spielergeneration zu formen.

Es blieb nicht aus, daß bei dieser tollen Aufwärtsentwicklung unsere A-Jugend 1951 bereits Württembergischer Meister wurde. Die zwölf Spieler waren: Werner Speidel, Horst Singer, Erhard Wohletz, Werner Harsch, Edwin Vollmer, Siegfried Schwenk, Frieder Weiss, Joachim Pohl, Hans Rentschler, Rolf Kehrer, Hans Airer.

Nachdem sechs Spieler der 1. Mannschaft 1953 auf der Rückreise von einem Hamburger Spiel nach einem Verkehrsunfall ihre aktive Laufbahn beenden mußten, rückten sechs Jungs aus dem A-Jugend Meisterteam in die 1. FA-Mannschaft auf, die dann 1954 Deutscher Doppelmeister in Feld und Halle wurde. Diese beiden Titel erspielten: B. Kempa, Burkhardtsmaier, Bosch, Herzer, Stellwag, Gruppe (als Korsettstangen), Frieder Weiss, Vollmer, H. Singer, Wohletz, Pohl, Jetter aus der A-Jugend.

Das Jahr 1953 ist mir nicht wegen riesiger Erfolge besonders in Erinnerung geblieben, sondern vor allem darum, weil wir in unserem DM-Spiel gegen die Reinickendorfer Füchse mit dem

Frisch Auf wurde bereits 1948 Württembergischer Meister – der Anfang war gemacht. Die elf Mann plus Ersatz: (stehend von links) B. Kempa, Ziegelin, Nies, Bäsler, Mayer, Bauer, A. Kempa, G. Kempa, Frey, Spielleiter Kraus; (kniend von links) Faul, Autenrieth, Dr. Schwandner.

Flieger nach Berlin anreisten. Die wirtschaftliche Situation in Deutschland war überall spürbar besser geworden und auch Frisch Auf Göppingen war nicht nur sportlich „wer", sondern konnte sich auch den Flieger leisten. Der Höhenflug zum Meistertitel bei den „Deutschen" fand jedoch in diesem Jahr noch nicht statt.

Aber ein Jahr später war es dann so weit: Wir schafften in Halle und Feld den Sprung an die Spitze. Württembergischer Meister, Süddeutscher Meister und Titelträger bei der „Deutschen". Zum erstenmal übersprangen wir die Hürde „Polizei Hamburg" in der Halle mit 10:7. Die Männer im grün-weißen Trikot, die das erreichten, waren: Anton Burkhardtsmaier, Rudolf Herzer, Werner Bosch, Heinz Stellwag, Frieder Weiss, Edwin Vollmer, Horst Singer, Erhard Wohletz, Joachim Pohl, Horst Jetter, ich, und – nicht vergessen – Siegfried Molterer, unser Spielleiter, dem wir sehr viel verdank(t)en. Die Tore beim 18:8-Sieg im Feld gegen TuS Lintfort warfen B. Kempa (9), Singer (4), Weiss (2), Herzer (2) und Jetter.

Ein Traum war in Erfüllung gegangen, der Anfang einer tollen, viele Jahre anhaltenden Erfolgsserie geschrieben.

Vom Polstersessel ins Rampenlicht

Wir waren 1954 für viele – nicht so sehr für uns – überraschend in die Endrunde um die Deutsche Meisterschaft gekommen. Diese Endrunde, in Form eines Turniers bis zum Endspiel, fand in Krefeld statt. Wir stiegen in einem schönen Hotel, dem „Europäischen Hof" ab, die Spieler verteilten sich nach unserer Ankunft in den Polstersesseln des Foyers, für sie war das alles ganz neu: Feines Hotel, Foyer, tiefe Sessel. Als die Handballexperten des Westens kamen, begrüßten sie mich und fragten laut, so daß es alle hören konnten: „Sind Sie allein gekommen, Herr Kempa, wo ist denn Ihre Mannschaft?" Mit einer lachenden Geste wies ich auf meine Jungs ringsum in den Sesseln und sagte: „Da sitzen sie doch alle". Darob war großes Erstaunen, denn sie nahmen es nicht ernst, daß ich mit dieser Schülermannschaft antreten würde. Auch meine Erklärung, daß die Jungs überglücklich wären, überhaupt dabei sein zu dürfen und wir aus diesen Spielen nur lernen wollten, entlockte den Experten nur ein geringschätziges Lächeln. Unsere Jungen aber waren alle hellhörig geworden. Das war ihnen gerade recht, nicht ernst genommen zu werden. Sie hatten ja auch nichts zu verlieren.

Das Wochenend-Turnier begann, und dann war fast beinahe alles umgekehrt. Nach den zumindest von uns erwarteten Siegen gegen die Reinickendörfer Füchse, gegen den RSV Mülheim und gegen Eintracht Minden war die Sensation da. Wir standen im Endspiel gegen den mehrfachen Deutschen Meister Polizei Hamburg. Eine Flut von Überlegungen überkam mich. Welche Chance ließ eine Mannschaft mit neun Nationalspielern wie Polizei Hamburg einem einzelnen Nationalspieler mit seinen „Youngsters" aus Göppingen? Der Gedanke an einen Sieg kam mir gar nicht in den Sinn. So dankte ich der Mannschaft für ihren bisher beispiellosen Einsatz in den vorangegangenen Spielen und bat schließlich alle nur noch um eine letzte Kraftanstrengung, damit die kommende Niederlage nicht zu hoch ausfallen würde. Die Losung für das Endspiel hieß: Wir spielen unser Spiel und lassen uns nicht die Taktik des Gegners aufzwingen.

Nach Verteilung der letzten taktischen Sonderaufgaben standen wir am Spielfeldrand, bereit zum Einlaufen. In der Hoffnung, von allen wenigstens die nervliche Anspannung zu nehmen, rief ich meinen Jungs zu: „Ich sprach zwar vom Verlieren, aber das Spiel muß nicht unbedingt verloren gehen!" Mit einem befreienden Lachen liefen wir auf das Spielfeld.

Zur Überraschung aller hatten wir einen ausgezeichneten Start und führten bald mit 4:1. Doch die Polizisten ließen nicht locker und kamen bis zum Pausenpfiff auf 4:3 heran. Unmittelbar nach Wiederbeginn des Spiels gelang Otto Maychzrak („Atom-Otto") durch einen 7 m-Wurf das 4:4. Die Spannung im Publikum war auf dem Siedepunkt. Längst war bei den Zuschauern das anfängliche Mitleid für die „Schülermannschaft" in Sympathie umgeschlagen. Ich fühlte, daß nun der Moment gekommen war, in dem ich den Jungs die erdrückende Spannung nehmen mußte. Immer wieder hörte ich die Rufe aus hunderten von Zuschauerkehlen: „Kempa – Kempa – Kempa", als wollten sie mich beschwören, ihre Hoffnungen auf den Sieg der Göppingen Buben nicht zu zerstören. In zwei Minuten schoß ich zwei Tore zum 6:4.

Die Jungen drehten nun den Spieß um: Anstatt von mir angespielt zu werden, spielten sie mich an, und ich fand die Lücke zwischen den Gegnern und nützte die Gelegenheit. Dadurch fiel die Spannung von uns ab und unsere Spielzüge verliefen genau. Dann machte unser routinierter Gegner den entscheidenden Fehler: Er ging von der Raum- zur Manndeckung über in der Hoffnung, uns damit zu stoppen. Frieder Weiß, der an mir vorbeiflitzte, rief mir zu: „Bernhard, jetzt gewinne mr!" Die Hölle war los, als wir um die Wette „zauberten". Die „Kempa – Kempa"-Rufe wurden von „Frisch Auf – Frisch Auf"-Rufen abgelöst. Die weiteren Tore schossen dann Bosch (7 m-Ball), Kempa, Weiß und nochmal Kempa.

Ganze neun Minuten benötigten wir vom 6:4 zur 10:4-Führung. Das mußte der Sieg für uns sein! Die Zuschauer standen auf den Bänken, umarmten sich, als wäre es ihr eigener Sieg, warfen Hüte in die Luft und jubelten uns stürmisch zu. Der Gegner verkürzte zwar noch auf 10:7, aber dann beendete der Schlußpfiff, der in dem allgemeinen Jubel und der Freude fast unterging, dieses Spiel.
Wir waren plötzlich wer und Handball-Deutschland hatte einen neuen Liebling – Frisch Auf Göppingen. Und hatte noch etwas anderes: ein neues Gefühl für Handball. Nämlich dieses: Man kann Handball auch mit Gefühl spielen. Und sogar damit gewinnen, gar einen deutschen Meistertitel. Tricks und Täuschungen können Härte und körperliche Nachteile sogar mehr als kompensieren. Der körperlich Kleine muß nicht immer der Kleine im Spiel bleiben.

Meine Handballbuben waren vom Polstersessel buchstäblich ins Rampenlicht gesprungen. Und sie hatten ihren Spaß daran, ihre helle Freude. Und: Auch viele Freunde des Handballsports freuten sich mit.

Empfang der Kempa-Mannschaft in Göppingen
Die Rückreise mit dem Zug gab uns genügend Zeit, alles noch einmal Revue passieren zu lassen. Was würden unsere Göppinger dazu sagen?
Auf dem Bahnhofsvorplatz war für die Fackelträger und Spieler ein Podium errichtet worden. Der stellvertretende Vereinsvorsitzende Brändle hieß die Mannschaft herzlich willkommen und der Sportkreisvorsitzende Fritz Daferner wies darauf hin: „Was viele erträumt und gewünscht hatten, aber nicht auszusprechen wagten, ist Wirklichkeit geworden. Ganz Göppingen ist stolz auf euch!“
Es war längst Nacht, als wir in einer Wagenkolonne am Rathaus ankamen und von etwa 2000 begeisterten

Göppinger Bürgern jubelnd empfangen wurden. Oberbürgermeister Christian Eberhard, der zu unseren Ehren einen offiziellen Empfang im Rathaus gab, gratulierte uns, verlieh dem Frisch Auf als erstem Verein in Göppingen die Silberne Sport-Ehrenplakette und uns Spielern die Ehrenplakette in Bronze.
Als wir dann aber auf den Balkon traten, nahmen die stürmischen Ovationen unserer Anhänger und Freunde kein Ende.
Auch noch heute ist mir diese Meisterschaft der wichtigste Sieg.

Nach diesem glanzvollen Sieg in der Halle mußten wir uns wieder an die Spielweise des Feldhandballs gewöhnen. Wir schafften es recht gut und wurden Süddeutscher Meister. In der Vorrunde um die „Deutsche“ im Feld gewannen wir gegen THW Kiel mit 15:11 und damit standen wir im Endspiel gegen TuS Lintfort. Vor zirka 25 000 Zuschauern im Stuttgarter Neckarstadion konnten wir in einem begeisternden Spiel die starken Lintforter mit 18:8 besiegen. Zum ersten Mal wurde Frisch Auf Göppingen Deutscher Feldhandballmeister und damit zweifacher Meister. Die Presse schrieb: „Bernhard Kempa war der überragende Mann auf dem Feld. Er führte und lenkte seine erst 19- und 20jährigen Nebenspieler im Göppinger Sturm so geschickt und Jetter, Weiß, Singer und Pohl gingen so verständnisvoll auf all seine Ideen ein, daß dieser einheitlich daher brausende Sturm von den Lintfortern einfach nicht gebremst werden konnte. Die Torschützen in diesem Finalspiel waren auf Göppinger Seite Bernhard Kempa (9), Singer (4), Weiß und Herzer (je 2) und Jetter.

Einen begeisterten Empfang bereitete die Bevölkerung des ganzen Filstals und vor allem die Stadt Göppingen auf dem Schillerplatz dem heimkehrenden Deutschen Meister. Die Spieler damals waren Burkhardtsmaier, Herzer, Bosch, Stellwag, Frieder Weiß, Vollmer, H. Singer, Pohl, Jetter, Grupp und ich.

1955 kamen wir über die Württembergische und Süddeutsche Meisterschaft erneut ins Endspiel in der Halle gegen Polizei Hamburg. Heinrich Reinemer schrieb dazu in der NWZ: „Wie ein Orkan brauste der Beifall auf, als in der Schwarzwaldhalle in Karlsruhe nach einem 40 Minuten langen Kampf auf Biegen und Brechen der Schlußpfiff ertönte und Frisch Auf Göppingen erneut die Deutsche Hallenmeisterschaft gewonnen hatte. Die Stationen des Spiels: 3:1-Führung, aber Halbzeitstand 4:5. Danach 4:6, aber Ausgleich durch zwei Siebenmetertore von Horst Singer zum 10:10. Der kleine Wohletz schoß in der Verlängerung, die zehn Minuten dauerte, das alles entscheidende goldene Tor. Die Art und Weise, wie sich die jungen Spieler neben Bernhard Kempa zur Spitzenklasse durchgerungen haben, muß jedem Sportsmann Anerkennung und Achtung abverlangen."

Im Feld gewannen wir wieder die Württembergische und die Süddeutsche. Die Deutsche Meisterschaft wurde wegen der anstehenden Welltmeisterschaft 1955 in einer k.o.-Runde ausgetragen. In unserem ersten Spiel trafen wir auf unseren Erzgegner Polizei Hamburg und verloren 14:17. Ein Jahr später war der Saisonverlauf ganz ähnlich: Württembergische, Süddeutsche und Niederlage gegen Solingen im Spiel um den dritten Platz bei der Deutschen. Auch im Feld zogen wir wieder in die Endrunde zur Deutschen ein, kamen unter die letzten Vier, konnten aber im Halbfinale unseren Heimvorteil im Neckarstadion nicht nutzen, verloren gegen Bayer Leverkusen mit 6:13 und wurden dann Dritter.

Jubelnder Empfang der Göppinger Bevölkerung nach dem Gewinn der Deutschen Meisterschaft 1952. Die spalierbildenden „Kempa-Buben" wurden zwei Jahre später Deutscher Meister (Halle und Feld).

Festlich war auch die Rückkehr der FA-Mannschaft nach der Gewinn der Hallenmeisterschaft 1954 in Stuttgart: Der Empfang in den Straßen Göppingens war unbeschreiblich. Auch jede andere Heimkehr nach einem Titelgewinn wurde für die Göppinger Bürger und die Mannschaft zu einem richtigen Volksfest.

Siege, Titel und als Meisterstück erfand B. K. den Kempa-Trick

Er ist ein bißchen ins Alter gekommen, der Kempa-Trick. Aber längst noch nicht aus der Mode. Wie so vieles in der Mode, kehrt manches immer wieder aus der Vergangenheit zurück, der Kempa-Trick ist da keine Ausnahme. Er ist wieder da. Aber ausradiert war er eigentlich nie; das athletische, körperlich betonte und sicherheitsorientierte Spiel haben ihn nur vorübergehend zur Seite geschoben. Die Attraktivität, die der Kempatrick in seinen vielerlei Versionen dem Spiel verleiht, hat er nie eingebüßt. Die Fans jubeln, wenn sie ihn sehen, und vielen Spielern, vor allem jungen, aufstrebenden, bereitet er große Freude. „Das macht Spaß", hatten meine Handballbuben, Horst Singer etwa – wie einmal ein Experte schrieb, „einer der besten und vielseitigsten Spieler" – oder auch Edwin Vollmer und Frieder Weiss festgestellt, und die ganze Mannschaft lachte beim Üben um die Wette.

Wer, was ist dieser Kempa-Trick? Er ist, zunächst, meine Erfindung. Eine Erfindung, auch das formulierte einmal ein Kenner des Handballsports so, „eines Ballspielsportlers, der über die Fertig- und Fähigkeiten verfügte, mit dem Ball umzugehen und darüber hinaus Köpfchen hat und in diesem Köpfchen Ideen gebar, die revolutionierend in das taktische Spielgeschehen eingreifen. Und der über die Mittel verfügt, seine Spielkameraden ins Bild zu setzen, um eben dieses Spielchen passend ins Geschehen einzubauen."

Man sagt, ich sei ein solcher Lehrer (gewesen). Nun ja, ich konnte vieles und ich konnte alles nicht nur vormachen, ich kannte auch die Wege, andere einzubinden, mitdenken und natürlich mitspielen zu lassen. Ich war also nicht nur der Erfinder, ich war auch der Paßgeber, die Schlüsselfigur.

Der Paß, das ist der Anfang des Kempa-Tricks. Ich freue mich noch heute, wenn ich erzähle, wie der Trick zur Welt kam. Wir

Alles, was in der „Trickkiste" (im Vordergrund) war, zeigte die junge Göppinger Mannschaft des TC Frisch Auf 1955 in Karlsruhe, als sie ihren im Vorjahr errungenen deutschen Meistertitel gegen die Polizei erfolgreich verteidigte. Die Göppinger Expedition war von Anfang an zuversichtlich und guter Laune, wie auch das Bild zeigt. Von links nach rechts: Abteilungsleiter Molterer, Mannschaftsbetreuer Röhm, Weiß, Jetter, Schiller, Bosch, Singer, Hasch, Speidel, Herzer, Pohl, Burkhardtsmaier und Mannschaftskapitän Kempa. Auf der Trickkiste sitzen Wohletz und Vollmer.

haben, bei Frisch Auf in Göppingen, im Training immer viel ausprobiert. Mal dies, mal das. Auch das Training sollte ja Spaß machen. Und bei solchen spaßigen Übungen „erfand" ich den Trick: Der Ball wird über die Abwehr hoch in den Torraum gespielt, ein Spieler springt hoch in den Torraum, fängt den Ball mit einer Hand und wirft ihn im Flug oder lenkt ihn direkt ins Tor. Die gegnerische Abwehr sieht sich überlistet, der Torwart ist überrascht und meist ohne Reaktion.

Auf einen Nenner gebracht: Ein Steilpaß in den Torraum. Für den Handballkenner ist klar, der Flieger muß vor der Torraumlinie abspringen und der Ball muß unterwegs sein, ehe der Flieger wieder auf dem Boden aufsetzt. Und das setzt wichtige Dinge voraus: Der Paßspieler und der Flieger müssen sich blind verstehen, das Timing zwischen Paßansatz und Flugansatz, wobei der Flug auch aus dem Stand erfolgen kann, muß stillschweigend aber beidseitig auf die Zehntelsekunde genau stattfinden. Der Paßspieler muß enormes Gefühl im Zuwurf entwickeln und der Flieger muß in punkto Balltechnik perfekt sein, über enorme Sprungkraft verfügen und eine Spielsituation erkennen können. Das Geheimnis des Tricks ist der Überraschungseffekt. Gelingt die Überraschung, gelingt meist auch der erfolgreiche Torwurf.

Heute wird der Kempa-Trick in allerlei Variationen angewendet. Und nicht nur im Handballsport. Im Beachhandball, das vor einigen Jahren eingeführt wurde, aber nicht so richtig Fuß gefaßt hat, zählt er im Falle eines Punktgewinns sogar doppelt.

Zum erstenmal gespielt wurde der Kempa-Trick am 24. März 1954 in der Schwarzwaldhalle in Karlsruhe in einem inoffiziellen Länderspiel Deutschland gegen Schweden, für das der DHB fünf Spieler von Frisch Auf nominiert hatte: Burkhardtsmaier, Vollmer, Horst Singer, Weiß und mich. Der Trick machte damals viele Schlagzeilen, jedenfalls war die Handballwelt aus dem Häuschen, und falls damals jemand, der als Sportler gelten wollte, den Namen Kempa noch nicht kannte, der kannte ihn jetzt. Der „Fritz Walter des Handballs" wie mich ein pfälzischer Journalist nannte, oder der „Monsieur Handball", wie die berühmte französische Sport-Tageszeitung L'Equipe titelte. Ich freute mich riesig über diese Ehrennamen.

Rechte Seite: Die Welt steht offen ...

Hochzeit

Ob Mann, ob Frau, man sagt, es sei der schönste Tag im Leben. Das stimmt sicher, das war auch bei mir und meiner Marianne nicht anders. Aber einprägsamer als alles andere war mir, daß die Trauung kein Ende nehmen wollte. Schließlich taten mir – und Marianne gestand mir hinterher, daß es ihr genau so ergangen sei – die Knie weh. Was, werden Sie fragen, haben die Knie mit der Hochzeit zu tun?

In unserem Fall viel. Wir mußten nämlich knien und knien. Und der Pfarrer sprach und sprach. Der Pfarrer, der uns traute, war ein Kollege aus der Schule, in der wir, Marianne und ich, Sportunterricht erteilten. Er gab Religionsunterricht, natürlich ein gelernter Theologe, aber er war eben nicht der Herr Pfarrer der Marienkirche in Göppingen.

In dieser Kirche gaben Marianne und ich uns das Ja-Wort. Und als wir am schönsten Tag unseres Lebens zwischen den Kirchenbänken bis zum Altar vorgegangen waren, da war – ja, da war plötzlich keine Bank. Da waren keine Stühle, auf die wir uns hätten setzen können. War's Vergeßlichkeit des kirchlichen Zeremonienmeisters, war's ein Versehen, oder war's eine kleine Strafaktion des Stadtpfarrers, der uns nicht trauen durfte?

Egal. Der „amtierende" Pfarrer, unser Kollege, der Schweizer Pater Stehrenberger, dachte sich wohl, Bernhard und Marianne sind ja beide Sportler, also was soll's, die können sich doch wohl auch eine Weile hinknien. Und also sprach er leise: „Kommt doch ein Stückchen weiter und kniet euch hierher auf die Altarstufen."

Wir knieten viel zu lange auf den Altarstufen aus Marmor, bis wir endlich aufstehen, uns das Ja-Wort geben und die Ringe überstreifen durften und also ein richtiges Paar waren. Jetzt taten uns beiden die Knie weh – ein richtig harter gemeinsamer Lebensanfang. Auch Marianne hat diesen harten Anfang nicht vergessen. „Aber unvergeßlicher für mich", so erzählt Marianne Kempa

Am 28. August 1954 heirateten Marianne Mayer und Bernhard Kempa in Göppingen. Es war ein riesiges Fest.

noch heute, „war nicht der schönste Tag in meinem Leben, sondern die darauffolgende Nacht“. Und sie erzählt, als wäre es gestern gewesen. „Wir kamen nach einem langen, schönen Tag, mit vielen Reden und noch mehr Geschenken endlich zu Hause an. Es war gegen zwei Uhr in der Nacht und wir freuten uns auf unser neues Häuschen, auf unsere gemütlichen Zimmer, auf uns. Sieben Jahre hatten wir dafür gespart, selbst daran (mit)gezimmert und auch die FA-Mannschaft hatte geholfen. Sie hatte den Humus im Garten verteilt. Noch tags zuvor hatte der Pfarrer das Häuschen, das Mariannes Bruder Walter entworfen hatte, – es war keine große Villa, aber ein zweckmäßig kleines Stückchen Haushalt, 6 mal 13 Meter groß auf 6 Ar Grundstück, ein bißchen Garten drumrum – eingesegnet. Wie gesagt, wir freuten uns riesig. Und wir freuten uns darauf, endlich allein zu sein. Aber daraus wurde nichts. Wir mußten erst das Häuschen aufräumen: Liebe Freunde hatten uns ein mittleres Chaos bereitet."

Aber die vielen schönen Seiten dieses Hochzeitstages sollen nicht vergessen sein und noch einmal genannt werden.

Ob denn da eine Fürstenhochzeit stattfinde? fragte sich mancher Fremde in Göppingen. Denn die halbe Stadt war auf den Beinen, die Menschen drängten sich in und vor der Marienkirche. Der Kinderchor unter der Leitung von Anton Metzler sang Kirchenlieder und Eugen Huttenlocher, Besitzer des Staufentheaters, Verehrer, Freund und Gönner von Frisch Auf Göppingen und mit einer wundervollen Stimme ausgestattet, sang das „Vater Unser" für uns. Es war sehr feierlich.

Vor der Kirche bildeten die „Kempa-Buben" Spalier. Als wir aus der Kirche kamen, fühlten wir uns in ein Blumengeschäft versetzt. Verwandte, Freunde und Bekannte mußten uns tragen helfen, als wir anschließend in die „Alte Kellerei" gingen, wo wir den Nachmittag und den Abend bis spät in die Nacht feierten.

Lassen Sie mich die Zeit noch ein paar Stunden zurückdrehen. Am Vormittag hatte die standesamtliche Trauung stattgefunden. Architekt Walter Mayer, der Bruder meiner Marianne, war für meine Frau Trauzeuge gewesen, für mich Regierungsamtmann Wilhelm Schmid vom Kultusministerium Stuttgart, der früher Fachwart im Handballverband Württemberg war. Der Besitzer des Cafes Heydle, Oskar Hartmann, auch er ein großer Förderer von Frisch Auf, lud uns anschließend zu einem Sektumtrunk ein.

Ein wunderschöner Hochzeitstag ging vorüber und auch die Hochzeitsnacht. Und das liebe Häuschen hat uns stets viele schöne Stunden und Erlebnisse gebracht.

Eines Tages buddelten wir wieder im Garten – wir bauten einen kleinen Swimmingpool – drei mal sieben Meter groß. Es reichte zum Naßwerden, auch wenn Marianne heute noch manchmal scherzt: Der Bernhard trainierte darin für die 1000 Meter-Distanz, frei nach dem Trällerliedchen „Wende hin, Wende her, 1000 Meter sind nicht schwer. Schwimme nur behende, bald kommt die nächste Wende. Denk' immer an das nahe Ziel – 1000 Meter sind nicht viel."

1000 Meter sind nicht viel ...

Und endlich kam der Storch zu uns ...

In den ersten Jahren unserer Ehe waren Marianne, die Sportunterricht erst am Gymnasium in Starnberg erteilte, wo sie ein paar Jahre zuvor noch selbst in die Schule gegangen war, dann an der Wirtschaftsoberschule in Göppingen unterrichtete, und ich reichlich mit „Schulaufgaben“ (als Lehrer) eingedeckt; ich spielte außerdem bei Frisch Auf Göppingen Handball, trainierte und war häufig unterwegs. Trotzdem hätten wir gerne Kinder gehabt. Aber der Storch besuchte uns einfach nicht. Als wir fast die Hoffnung aufgegeben hatten, kam doch noch unser kleiner Bernhard Michael zur Welt, und zwar am 11.Dezember 1962. Ich war inzwischen 42 Jahre alt, war also, wenn man so will, ein „alter“ Vater.

Marianne und ich waren dankbar und glücklich. Und wenn ich jetzt von meinen Handballausflügen heimkam, war nicht „nur“ Marianne da, da wartete auch noch ein kleiner Mann auf mich – Bernhard Michael. Herrlich. Zum Luftschnappen und Laufenlernen ging's hinaus in den Garten, einen Kinderwagen benötigten wir eigentlich gar nicht.

So wurde Bernhard Michael viel im Freien aufgezogen, hatte viel Bewegung – aber ein Handballspieler ist er dennoch nicht geworden. Höchstens ein bißchen. Als Kindergarten und die ersten Schuljahre vorüber waren, Bernhard jr. mit viel Erfolg das Flötespielen (Solo bei Gottesdiensten in der Kirche) erlernt hatte, schloß er sich einem Handballverein an. Nicht dem TC Frisch Auf Göppingen, was ja nahegelegen wäre, wo dort doch der Vater „zu Hause“ war. Nein, der Verein, dem der Junior beitrat und in dem auch seine Klassenkameraden spielten, hieß DJK (Deutsche Jugend Kraft). Schon in der E-Jugend zeigte sich, daß Klein-Bernhard kein Bernhard Kempa werden würde. Die robusten Dorfkinder hatten beim Spiel das Sagen und der kleine Kempa kam stets mit blauen Flecken nach Hause. Als er wieder einmal so

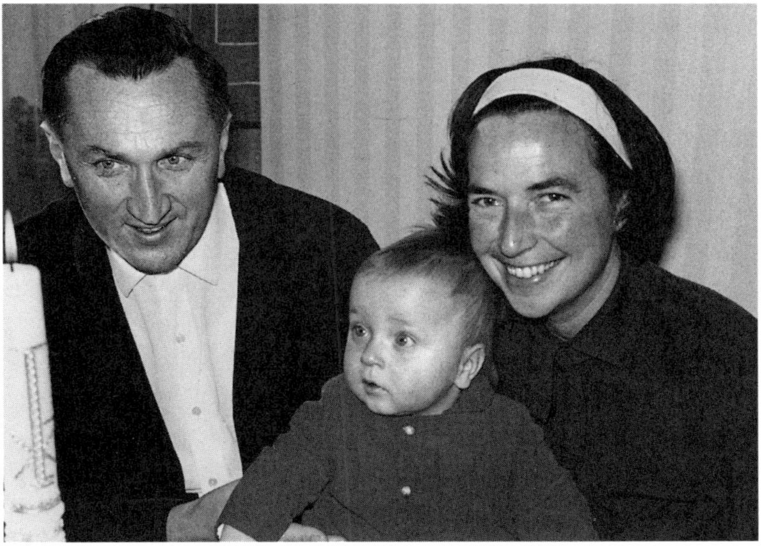

Eine glückliche Familie.

heimkam, von einem Spiel sogar, erwachte in mir die väterliche Neugier und ich fragte: „Na, wie ist denn das Spiel ausgegangen?“ „11:1“ sagte mein Sohn. „Und“, bohrte ich weiter, „wieviel Tore hast du geschossen?“ Der Junior schaute mich fragend an, zuckte die Achseln und sagte diplomatisch: „Ich habe die Vorlage zu unserem Tor gegeben.“ Da habe ich herzlich gelacht und mein Sprößling stimmte befreit mit ein.

Als mir Berndi eines Tages beim Tennisspiel zuschaute, war für ihn die Zeit gekommen, dem Handballsport ade zu sagen. Tennis sei toller als Handball, befand der Nachwuchs-Bernhard und fortan übte er mit dem Speckbrett und Softball gegen das Garagentor. Wie der Zufall es wollte, übernahm ich bald darauf das Bambino-Training der Tennisjugend beim TC Göppingen und nun mischte der Junior da auch mit. Mama Marianne zeigte ihm, wie man den Ball übers Netz bringt und Berndi wurde ein fleißig übender und gar nicht schlecht spielender Tennisschüler. Bald spielte er beim TC in derJugendmannschaft und bis heute ist Tennis, neben Golf, sein Lieblingssport.

Weil ich gerade so mitten drin bin im Erzählen aus der Kinderzeit meines Sohnes, fällt mir ein Geschichtchen ein, das ich einmal erlebt hatte. Es war, als Großvater Zähnle in Zusmarshausen – der Großvater meiner Marianne – seinen 100. Geburtstag feierte. Ich war mit dabei, zum Feiern und Gratulieren. Das Gratulieren schaffte ich leicht, aber der Großvater hatte eine Bitte an mich, der ich nicht auf Anhieb gewachsen war. Dazu muß man wissen, daß ich mein ganzes Leben nie geraucht habe. Großvater Zähnle aber bat mich nun, ihm eine Zigarre zu reichen, diese auch anzuzünden. Ich tat, wie mir geheißen, aber ich tat's falsch. Ich hatte ihm die Zigarre am falschen Ende angezündet! Nicht aus Boshaftigkeit, einfach, weil ich nicht wußte, wo eine Zigarre angezündet werden muß. So klappte das einfach nicht. Großvater zog und zog, aber nichts ging. Es ging erst, als mich die lachenden Zuschauer auf meinen Fehler aufmerksam gemacht hatten. Ja, auch eine Zigarre anzünden will gelernt sein.

Richtig, da war auch noch ein anderes kleines Erlebnis mit dem bayerischen Großvater. Die Sache ereignete sich nach einem

Beim 100. Geburtstag des bayerischen Großvaters in Zusmarshausen.

Spiel in Berlin. Ich spielte dort mit Frisch Auf gegen den BSV und zog mir einen Rippenbruch zu. Großvater war ein begeisterter Fan von mir. Er verfolgte alle meine Spiele am Rundfunk und als er hörte, daß ich in Berlin auf einer Trage vom Spielfeld getragen wurde, war er entsetzt. Bei unserem nächsten Besuch in Zusmarshausen nahm er mich zu Seite und sagte in beschwörendem Ton und erhobenem Zeigefinger: „Gell Bernhard, dös versprichst mir, zu den Preißn gehst mir fei nimma."

Inzwischen war Bernhard Michael ein großer Junge geworden. Nach dem Abitur am Wirtschaftsgymnasium in Göppingen folgte das Medizinstudium in Italien, Ulm und an der Harvard University Boston. Daran schloß sich die chirurgische Ausbildung in München an. Die Ausbildung zum Facharzt für orthopädische Chirurgie und die Promotion erfolgte in Göppingen bei Professor Dr. Dr. Spranger.

Seit 1996 betreibt Bernd zusammen mit einem Partner eine orthopädische Tagesklinik für spezielle orthopädische Chrirgie in Heidenheim.

Bernd wurde kein großer Sportler, aber ein guter Arzt.

Mariannes Starnberger See

Hallo, jetzt komme ich ein wenig zu Wort. Nicht, daß Sie meinen, ich sei nur bei der Hochzeit dabei gewesen.
Einer wie Bernhard, also mein Mann, einer, der so viel in der Welt herumgereist ist, so tolle Erfolge erzielt hat und noch immer erzielt, der braucht schon auch einen festen Halt. Nicht charakterlich – nein, der Bernhard hat nie, auch nicht nur einen Tag, ein Lotterleben geführt. Da bin ich mir sicher.

Marianne Kempa (1989)

Aber ein Heim brauchte er. Er wußte, daß er das hat. Wenn er aus der Schule, von Esslingen etwa, nach Hause kam; auch wenn keine Weltreise hinter ihm lag und kein Streß ihn „angefressen" hatte. Er wußte, daß er zu Hause was zu essen auf den Tisch bekam, was Gutes sogar. Denn, auch wenn ich keine riesige Köchin bin, kochen kann ich schon. Der Bernhard sagt sogar „kochen kann'se sehr gut“. Und es gibt mal was aus der (seiner) alten Heimat, also was Schlesisches, oder seit vielen Jahren auch was Schwäbisches. Und immer wieder mal was aus meiner Heimat: a bayerischs Schmankerl. So haben wir gewissermaßen immer „international“ gegessen. Heute essen wir oft Italienisch, nicht zu Hause, wir gehen dann zum Italiener in Boll, zu Rosario Catapano. Und dann trinkt der Bernhard auch ein Viertel Roten. So, wie er gerne – ich glaube, er selbst hat das noch nicht verraten –, am Abend vor einem schweren Spiel noch ein oder zwei Glas Rotwein trinkt. Zur Beruhigung, sagt er.

Bernhard Michael, unser Sohn, wird bald 40 und erreicht somit das Schwabenalter. Als er noch klein war, sang er mit im Kinderchor, in der Christkönigskirche in Göppingen, den ich zehn Jahre geleitet habe. Und er spielte gerne und gut Flöte. Sogar als Solist trat er da auf, und dann war ich immer sehr aufgeregt.

Wir nannten den kleinen Bernhard Berndi. Wie hätte sich denn sonst, bei zwei Benhardinern, wenn ich einen rief, der richtige melden können. Der große Bernhard war der „Big Bernhard“.

Mit diesen beiden, dem Big Bernhard und Berndi, habe ich viele Ferienwochen in meiner Heimat Starnberg verbracht. Ich war am Starnberger See seit meinem zehnten Lebensjahr zu Hause und daß es mir nicht leicht fiel, von diesem Fleckchen Erde wegzugehen, als ich heiratete, wird mir bestimmt jeder glauben. Aber der Starnberger See wurde jetzt zum Stammdomizil in den Ferien. Big Bernhard konnte von Starnberg aus seinen Handballverpflichtungen auch während der Ferien leichter nachkommen, und Berndi und ich verbrachten derweil im Hause meiner Eltern schöne Ferientage und zur Freude von Berndi gab es dort Onkel und Tanten und auch Nichten und Neffen. Für jeden also nicht nur etwas, sondern viel.

Und weil zum Starnberger See auch Wasser und Boote gehörten, wuchs bei uns der Wunsch: Ein Segelboot muß her, und wenn es nur ein kleines ist. Ein Boot war für mich schon in meiner Kindheit ein Traum gewesen und ist es immer geblieben. Also, warum nicht. Berndi belegte einen Segelkurs und ich ergatterte mit Hilfe einer ehemaligen Starnberger Schülerin einen Liegeplatz in der Bootswerft Rambeck. Jetzt fehlte nur noch das Boot. Ein gebrauchtes sollte es, wegen des Kaufpreises, sein. Aber wer verkaufte damals schon sein Boot. Doch wir hatten Geduld und Glück. Eines Tages gehörte uns ein Klepperboot vom Typ „Trainer“ – das war eine Freude, fast wie zehnmal Weihnachten.

Die erste Ausfahrt machten Berndi und Big Bernhard. Väterchen nahm sich bei schönstem Wetter eine Zeitung mit, die aber bald im Wasser landete: Neptun zeigte sich plötzlich erbost, machte den beiden den ersten Trip auf dem See recht schwer, blies aus beiden Backen und so hingen die beiden Männer schwer im Trapez, um rechtzeitig vor dem drohenden und am Starnberger See so gefürchteten Gewittersturm an Land zu kommen. Eine rauhe Art von Sport, dieses Segeln, dachten wir alle und Väterchen hatte sogar so etwas wie ein bißchen Angst.

Unser Segelboot
am Starnberger See.

„Bernhard Kempa wird zu dick“

Eigentlich habe ich nie Probleme mit meinem Körpergewicht gehabt. Eine gesunde Ernährungs- und eine vernünftige Lebensweise – viel Sport und Bewegung – standen auch nur einem Bauchansatz von vorneherein in Wege.

Eine Schlagzeile in einer Münchner Zeitung 1953, vor einem Lehrgang anläßlich der WM in Schweden (1954), ließ mir darum keine Ruhe: „Bernhard Kempa wird zu dick“ stand da zu lesen. Ich hatte an diesem Lehrgang nicht teilnehmen können, weil ich als Lehrer zeitlich nicht abkömmlich war, ich hatte Unterricht.

Also klärte ich den Fall auf. Der zuständige Redakteur war untröstlich: Er sei dann halt wohl auf die Aussage eines Nationalmannschaftskameraden von mir hereingefallen, der ihm gesagt habe, der Bernhard Kempa sei nicht aufgestellt worden, weil er zu dick geworden sei. Wahrscheinlich habe dies nur ein Scherz sein sollen.

Wie peinlich dem Journalisten der Vorfall war, zeigt dies: Ein paar Tage später stand er mit Blumen vor meiner Wohnungstür in Göppingen und entschuldigte sich noch einmal.

Aber die Schlagzeile hatte inzwischen die Leserrunde gemacht. Und wiederum nur wenig später schrieb mir eine Schülerin meiner Frau Marianne ein nettes Gedicht:

Als Gott gemacht das Weltenall
schuf er dazu den Lederball.
Bestehend aus 'ner Gummiblunze,
und daß man ihn dann nicht verhunze
'ne Lederhülle mit Profil.
Das Ganze schließt dann ein Ventil.

Und was ein rechter junger Mann,
schnappt sich den Ball, fängt's Spielen an.
Mit Fleiß, Geduld und Mut und Kraft
bringt er's dann auch zur Meisterschaft.

Sein Ruf dringt weit durch Deutschlands Gauen,
bewundern tun ihn Starnbergs Frauen.
Und weil er nie das Tor verfehlt,
die Manny fest zu Kempa steht.

Doch wie's oft geht im Leben,
der zweite Schuß der ging daneben.
Es fehlte ihm des Schützen Glück,
denn ...
Berhard Kempa wird zu dick!

Ich glaub' er braucht viel freie Zeit
für seine heißgeliebte Maid.
Wenn man zum Rendezvous will gehn
das Training dann muß hintan stehn.

Sport und Beruf ergänzten sich

Lassen Sie mich, lieber Leser, liebe Leserin, ein wenig Atem schöpfen und von meinem Alltag erzählen. Der Alltag ist in diesem Fall – die Arbeit, das Berufsleben. Denn das gab es natürlich auch. Und dieses Leben lief nicht auf einem Nebengleis. Und wenn schon, dann fuhr es parallel, gleichauf. Ich habe immer neue Kraft bei meiner Arbeit geholt und mein Sportlerleben in mein Berufsleben eingebaut. Das eine so mit dem anderen verwoben, daß sich Sport und Beruf ergänzten, sich gegenseitig verflochten und aufbauten.

Das war insofern möglich, als mein Beruf ja mit meiner sportlichen Tätigkeit so zu sagen Hand in Hand ging. Ich hatte 1948 das Staatsexamen als Turn-, Sport- und Gymnastiklehrer an der Bayerischen Sportakademie München-Steingaden gemacht. Später kamen noch die staatlichen Prüfungen für Lehrer in Kurzschrift und Maschinenschreiben dazu. Von 1949 bis 1960 war ich als Sportlehrer und Handelsoberlehrer an der Wirtschaftsoberschule in Göppingen tätig. Zur gleichen Zeit unterrichtete ich noch einige Stunden Sport an den Wirtschaftsoberschulen in Stuttgart und Esslingen. Hier muß ich einfügen, daß mich das Kultusministerium in Stuttgart 1960 von der Wirtschaftsoberschule in Göppingen an die Pädagogische Hochschule in Esslingen mit einem Lehrauftrag in Sportpädagogik berief. Schließlich schickte mich das Kultusministerium auch noch 1963 und 1964 als Sportlehrer an die Höhere Staatliche Wirtschaftsfachschule Pforzheim, wo ich einen wöchentlichen Sportnachmittag einführte und leitete.

Ich erhielt außerdem Lehraufträge für die Ingenieurschule und die Berufspädagogische Hochschule, beide in Esslingen. Auch in der Lehrerfortbildung setzte man mich ein, erst war ich an der Sportschule Stuttgart und Feuerbach, später in Ludwigsburg (heute Sportakademie) unter der Leitung von Walter Tripps

Nach dem Staatsexamen als Turn-, Sport- und Gymnastiklehrer machte ich die staatliche Prüfung für Kurzschrift und Maschinenschreiben. Als ich 1956 eines Tages in der Wirtschaftsoberschule in Göppingen eine Jungenklasse betrat, stand an der Tafel in Kurzschrift: „Wer wird Deutscher Handballmeister 1956 in Berlin?“ Ich schrieb darunter: „Natürlich der Beste und Glücklichste“.

tätig und zuständig für Handball und Basketball, von 1952 bis 1980 auch für Lehrgänge in der Lehrerfortbildung an diversen Sportschulen im Lande.

1986 ging ich dann in Pension. Drei Jahre zuvor, am 23. Juni 1983, hatte mir Professor Dr. G. Schoder, Leiter des Fachbereichs V an der Pädagogischen Hochschule Esslingen, ein Zeugnis ausgestellt, darin auch meine Tätigkeiten umrissen, auf das ich heute noch sehr stolz bin. Wenigstens ein paar Sätze daraus möchte ich zitieren, um mein Wirken im schulischen Bereich aus kundigem Mund sprechen zu lassen:

„Oberstudienrat Bernhard Kempa ist seit 1960 an der Pädagogischen Hochschule Esslingen im Fach Sport tätig. Seine Aufgabengebiete sind bzw. waren die fachmethodische und fachpraktische Ausbildung von Studierenden, insbesondere in den großen Sportspielen Handball, Fußball, Basketball, Volleyball sowie Tennis – das von ihm eingeführt wurde –, außerdem im Schwimmen und DLRG-Rettungsschwimmen und in der Leichtathletik in sogenannten Lehramtsstudiengängen. Er war zuständig für Regelkunde, Kampfrichterausbildung sowie für die Durchführung und Organisation aller fachpraktischen Prüfungen. In fachdidaktischen Seminaren führte er Studierende vor Ort in die Probleme des Unterrichts im Fach Sport ein.
Im Allgemeinen Hochschulsport war Bernhard Kempa zuständig für die gesamte Koordination und Organisation der Angebote von Arbeitsgemeinschaften der verschiedenen Institutionen des Hochschulzentrums (PHE, BPH, FHS, FHT, Studienseminar), deren Abrechnung sowie Vorbereitung und Betreuung von Hochschulmannschaften bei Wettkämpfen. Für die Wahrnehmung dieser sportfachlichen, organisatorischen und verwaltungstechnischen Aufgaben wurde er zum „Beauftragten für den Hochschulsport“ ernannt.
In der Hochschul-Verwaltung hatte er lange Jahre als Beauftragter des Faches Sport für den Haushalt die Aufgabe, Haushaltsmittel zu beantragen und zu verwalten. In dieser Eigenschaft zeigte er sich als geschickter und erfolgreicher Verhandlungsführer mit Verwaltung, Gremien und Studenten.
Neben seiner Hochschultätigkeit wirkte Oberstudienrat Bernhard Kempa seit 1952 an der Staatlichen Sporthochschule in Stuttgart und Ludwigsburg (heute Staatliche Sportakademie) als Referent und Lehrbeauf-

tragter in der Lehrerfortbildung und in der Ausbildung von Übungsleitern und Trainern.

Bei seinen Tätigkeiten kamen ihm auch seine Erfahrungen und Tätigkeiten als Spieler und Trainer, vor allem im Handball, zugute. Nicht unerwähnt bleiben sollen in diesem Zusammenhang seine spielerisch-sportlichen Leistungen.

Für seine sportlichen und auch pädagogischen Verdienste erhielt Bernhard Kempa das Silberne Lorbeerblatt, die Verdienstmedaille des Landes Baden-Württemberg und das Bundesverdienstkreuz, für 40jährige Tätigkeit im Öffentlichen Dienst die Jubiläumsurkunde.

Anerkennung fanden seine Reputation, seine Erfahrung und sein Geschick im organisatorischen wie repräsentativen Bereich durch Berufungen des Nationalen Olympischen Komitees für Deutschland bei den Olympischen Spielen 1972 in München (Sport-Direktor) und beim Olympischen Kongreß 1981 in Baden-Baden im Führungsstab als Abteilungsleiter."

Genug des Lobs, um das es mir nicht ging. Aufgezeichnet wollte ich nur meine vielseitigen beruflichen Tätigkeiten wissen, auch um zu belegen: Nicht allein Handball war mein Leben. Aber, daß die Schule mir nicht nur Pflichten und Arbeiten „auflud", sondern auch ihren heiteren Anteil an meinem Leben hatte, und daß dies auch ein Teil ist, den ich nicht vergessen habe und nicht vergessen werde, sollen wenigstens ein paar nette Begebenheiten aus meinem Schulalltag belegen ...

Bernhard-Kempa-Weg

Ein nettes Erlebnis hatte ich während meiner Zeit an der Pädagogischen Hochschule Esslingen, wo ich von 1960 bis 1986 lehrte. Es war ein richtiger Studenten-Ulk. Ein feiner Spaß, jedenfalls so gemeint. Das Lehrerkollegium aber sah die Sache ein bißchen anders, lachte zuletzt aber doch auch darüber.

An der Studentenkneipe „vier Peh“ führte ein Sträßchen vorbei, entlang der Sportanlage der PH zur Volksschule, der Bernhard Denzel-Weg. Aus diesem Weg wurde über Nacht auf geheimnisvolle Weise mit Hilfe einer Folie ein „Bernhard-Kempa-Weg“. Pablo Eckert, ein Student, der zugleich Wirt der Kneipe war, nahm die „Taufe“ des neuen Wegs vor. Er hielt eine Ansprache im Freien, es gab Musik und viele Studenten waren da, vor allem jene, die den Ulk zuvor ausgeheckt hatten. Auch ich wurde zu dieser Zeremonie dazugeholt. Die Studenten meinten, ich hätte es aufgrund meiner Erfolge verdient, daß ein Sträßchen (Weg) nach mir benannt würde. Nach der Ansprache folgte noch ein großer Umtrunk in der Kneipe.

Ich wollte kein Spielverderber sein und machte mit, obwohl es mir ein wenig mulmig war und ich mir Gedanken darüber machte, wie das Lehrerkollegium die Sache aufnehmen würde. Ich lag mit diesen Gedanken nicht ganz falsch, denn anderntags, als die Kollegen am Morgen zur Schule kamen und die neue Namensbezeichnung entdeckten, gab es großes Erstaunen, wie denn so etwas möglich sei. Und es entwickelte sich eine heftige Diskussion mit Für und Wider. Wie es denn möglich sei, daß Bernhard Kempa schon zu Lebenszeit zu dieser Ehre komme.

Mein Kollege Dr. Gustav Schoder, der mit dem Auto zur Schule durch den Weg fahren mußte, war über die neue Bezeichnung so überrascht, daß er den Kopf schüttelte und beim Anblick des neuen Namens fast die Herrschaft über seinen Wagen verloren hätte.

Die Diskussionen gingen tagelang und die Aufregung wurde immer größer, denn die Studenten hielten still. Keiner gab das Geheimnis preis. Und es löste sich auch lange nicht auf. Erst eine Meldung des Schulleiters an das Rathaus löste den Fall, wenigstens insofern, als der Bernhard-Kempa-Weg wieder zum Bernhard-Denzel-Weg zurückverwandelt wurde. Freiwillig besorgten das die Studenten und mancher konnte sich dabei ein Schmunzeln nicht verkneifen.

Dieser Studenten-Ulk war nicht das einzige nette Erlebnis, das mich an meine Lehrerszeit erinnert. Da waren auch noch andere.

Studentin mit Tatendrang

Da gab es zum Beispiel einmal eine Studentin, die eigentlich absolut unsportlich war, dafür voller Ehrgeiz steckte, jedenfalls besten Willens war. Beim Fußball stolperte sie über den Ball, wenn wir Handball spielten, rangelte sie mit dem ballführenden Spieler – sie wollte einfach alles gut machen, und alles ging einfach immer daneben.

Nun war es schon immer so bei mir, daß ich gerade den Schwächeren besonders helfen wollte. Darum bemühte ich mich redlich um diese untalentierte Studentin, die zwar gar nicht so untalentiert war, viel eher einfach unkontrolliert in ihrem Bemühen und Tun. Sie hatte es ja zuvor von niemandem gelernt, nicht einmal irgendwo gesehen, wie's richtig gemacht wird.

Also, wie gesagt, ich bemühte mich um die Studentin und zeigte und erklärte ihr alles, und vieles noch einmal, und der Erfolg blieb nicht aus.

Er stellte sich dann ganz deutlich beim Tennisspiel ein. Denn auch daran beteiligte sie sich. Wir hatten manchmal Angst, sie schlage ein Loch in die Luft oder zerschmettere das Netz. Aber sie übte zielstrebig und als wir zum Semesterende einen Wettbewerb durchführten, wie oft jeder den Ball zu mir über das Netz spielen konnte, wurde sie Siegerin. Sie war glücklich und ich ein bißchen stolz, daß mein stetes gutes Zureden Früchte getragen hatte.

Saltowende

Dann kam da, zu meiner Zeit an der PHE, die Einführung der Saltowende im Schwimmen. Auch Schwimmen gehörte ja zu meinen Lehrpflichten. Ein Student bat mich – der Lehrer muß ja doch alles können – ihm diese Wende zu zeigen und beizubringen. Ich vertröstete ihn auf ein andermal und bat nun meinerseits meinen Freund „Hase“ Lehmann, der mehrfacher Europameister im Schwimmen war, mich diese Saltowende zu lehren. Er zeigte mir, wie's geht, und ich machte mich zu Hause, in meinem Mini-Swimmingpool daran, diese neue Art Wende zu üben. Schon ein paar Tage später zeigte ich „Hase“ Lehmann, was ich jetzt konnte. Er war perplex und sagte staunend: „Mensch Bernhard, Du kannst diese Wende ja schon besser als ich.“ Und auch mein Student war bald darauf sehr zufrieden, nachdem ich ihn in die Wendekunst eingeweiht hatte.

Keine Sprachschwierigkeiten – Handball ist international ...

Ich habe in 14 Ländern als Trainer gewirkt, Handball oder Tennis gespielt. Ich habe viel gesehen, manches erlebt und auch so meine Erfahrungen gesammelt. Unterm Strich darf ich sagen, ich möchte im Nachhinein keine Teilnahme streichen, kein Erlebnis missen. Ich habe Menschen kennen gelernt, Freunde dazu, mein Horizont hat sich erweitert, und ich glaube, auch manche(r) hat von mir etwas Gutes, zumindest Positives erfahren dürfen. Und nirgendwo gab es sprachliche Schwierigkeiten. In der Tat, die Sprache war nie eine Barriere. „Handball ist international" habe ich einmal gesagt, und die französische Sport-Tageszeitung L'Equipe hat nach meiner Tätigkeit in Paris geschrieben, jedesmal, wenn ich eine Erklärung abgegeben oder eine Demonstration vorgeführt hätte, habe in dem großen Saal, in dem der Lehrgang abgehalten wurde, eine Stille geherrscht wie in einer Kirche und Trainer wie Spieler schienen sich in Muselmanen verwandelt zu haben.

Das eine oder andere Erlebnis meiner Reisen in fremde Länder habe ich schon erzählt. Lassen Sie mich diese Trainertätigkeiten noch ein bißchen vertiefen.

Das erste Mal war ich schon im August 1953 im Ausland tätig. Das war in Belgrad/Jugoslawien, wo ich 14 Tage lang Trainer und Nationalspieler – darunter war auch der spätere Trainer der deutschen Nationalmannschaft Vlado Stenzel – in Taktik und spielerischen Elementen unterrichtete. 45 Handballlehrer bzw. -spieler waren dort zusammen gekommen, um von mir wertvolle Anweisungen zu erhalten und das eigene Können zu verbessern. Es waren schöne aber auch anstrengende zwei Wochen. Der zweite Teil meines Trainingsaufenthalts – wieder zwei Wochen – war dann nur noch schön: Meine Gastgeber zeigten mir und meiner Frau Marianne die Schönheiten ihres Landes. Wir besuchten

Split, Dubrovnik, Sarajewo und badeten in der Adria. Aber auch Frisch Auf Göppingen ging nicht leer aus: Meine Mannschaft wurde an Silvester 1953 zu einem Neujahrsturnier nach Zagreb eingeladen. Wir gewannen das Turnier und für mich war die Partie gleichzeitig ein wichtiger Test für die in Kürze anstehende deutsche Hallenmeisterschaft in Krefeld.

Zwei Jahre später wollten die Spanier von meinen Handballkünsten profitieren. Sie luden mich nach Granollers ein, worüber ich noch ausführlich berichten werde. Auch dieses Kapitel war mehr als ein Erlebnis, und als Granollers zum dritten Mal Meister ihres Landes geworden waren, hat mir der Präsident des Clubs, Emilio Botey, geschrieben: „Die Meisterschaften sind das Produkt einer stillen, aber erfolgreichen Arbeit unseres deutschen Freundes Bernhard Kempa – Ihre Lehren sind nicht umsonst gewesen."

Die Sporthochschule von Paris (Institut National des Sports) hieß mein Auslandsreiseziel Ende Oktober 1957. Auch die Franzosen waren voll des Lobs. Und auch sie haben viel gelernt – genau wie die Jugoslawen, die Spanier und hernach die Russen. Aus allen diesen „Lehrlingen" sind wenig später spielstarke Nationen im Handball geworden.

Ja, die Russen. Sie hatten lange Zeit mehr das „Hazena" gepflegt, nicht das eigentliche Handballspiel. Beide Spielweisen sind artverwandt, „Hazena" aber ist mehr im osteuropäischen Raum geblieben, hat nicht die Reise um den Erdball angetreten. Jetzt aber wollten die Russen auch in Europa und in der Welt mitmischen, im richtigen Handball, auch weil die Tschechen schon gewaltige Fortschritte gemacht hatten und die Russen ihren Nachbarn im Osten nicht hinterherhinken wollten. Bis 1936 hatte auch Rußland am internationalen Handballbetrieb, zumindest teilweise, teilgenommen. Dann aber trat eine 17jährige Pause ein. Diese sollte von jetzt an zu Ende sein: 1953 wurden ernsthafte Bemühungen unternommen, um den Anschluß herzustellen. In Moskau, Leningrad, Kiew und auch in den baltischen Ländern wurden Schwerpunkte gesetzt, man besorgte sich Videos und man bevorzugte Lehrfilme, die von mir und mit mir gemacht worden waren. „Moskau studiert Kempa“ titelten deutsche Zeitungen – ich hatte nichts dagegen.

Auch Japan wollte im Handball mitreden. Nachdem die Japaner einmal gegen die damalige CSSR eine deftige (10:28) Niederlage erlitten hatten, drängte es die ehrgeizigen Sportler aus dem Lande Nippons, das Spiel und seine Tricks besser zu lernen. Japans damaliger Nationaltrainer hatte nach dem 10:28 gegen die CSSR die Schuld des Versagens auf sich genommen und gemeint: „Wir brauchen einen Lehrmeister, der sein Handwerk versteht. Ich kann meinen Spielern nichts anderes mehr sagen“ und so erging während des Aufenthalts der deutschen Weltmeistermannschaft von 1956 in Japan die Bitte an mich, das japanische Team und deren Trainer in der Freizeit zu schulen. Ich erinnere mich noch gut, wie die Japaner bei der Weltmeisterschaft zuvor aufgetreten waren. Nach jedem Foul eines Japaners machte dieser zwei tiefe Verbeugungen – eine zum gefoulten Gegenspieler hin, die andere in Richtung des Schiedsrichters. Ich weiß auch noch, daß ich damals gesagt hatte, ich hätte noch nie eine Mannschaft gesehen, die so hoch verloren und sich dabei so anständig verhalten hat.

Einige Jahre später flog ich mit der deutschen Nationalmannschaft, dem WM-Team von 1952/55, in die USA. Wir besuchten in New York das Krebsforschungsinstitut Kettering, ein Musical am Broadway und die Börse, wo zwischen den Börsenberichten immer wieder in Leuchtschrift informiert wurde: „Wir begrüßen die deutsche Handballnationalmannschaft und ihren Kapitän Bernhard Kempa.“ Ja, die US-Boys wollten uns zeigen, in was für einem kulturell bedeutenden und modernen Land sie leben. Von New York ging es noch weiter nach Toronto und Montreal. Dort erhielt ich eine Einladung, später die Vorbereitung der Kanadier auf die WM in Schweden zu leiten. Die Spiele gegen die Kanadier waren ziemlich hart, so daß wir manchmal das Gefühl hatten, sie würden Handball mit Eishockey verwechseln. Aber auch meine

Hinweise wegen dieser harten Spielweise fanden bei den Schiedsrichtern wenig Gehör: „Was wollen Sie denn, das sind doch nur Bodychecks". Insgesamt war es dennoch eine herrliche Reise, aber eine mit einem unglücklichen Ausgang für mich. Beim letzten Spiel in Montreal, einen Tag vor unserer Rückreise nach Hause, zog ich mir einen Achillessehnenriß zu, der nach meiner Rückkehr in Bad Cannstatt operiert wurde. Übrigens, das war in meiner Handball-Laufbahn die einzige schwere Verletzung.

GP – das ist doch FA?

Der Name der Stadt Göppingen ist in den Jahren, da Frisch Auf die Nr. 1 im deutschen Handball war – und ist es vielfach auch heute noch – weit in die Welt hinaus getragen worden. Das Autokennzeichen GP wurde vor allem in vielen Ferienorten, ob im In- oder Ausland, zu einer Art Frage- und Antwortspiel.
„Ah, Sie kommen aus Göppingen."
„Ja".
„Dann kennen Sie sicher die tolle Handballmannschaft Frisch Auf."
„Ja".
„Und vielleicht auch Bernhard Kempa?"
„Ja".
„Dann müssen Sie uns jetzt von Kempa und Frisch Auf erzählen."
So wurde FA zum Aushängeschild von Göppingen.
Heute klingt die Reihenfolge der Fragen ein wenig anders, sie fängt oft so an:
„Sie sind doch der Bernhard Kempa von Frisch Auf Göppingen ... ?"
„Ja".
„Ach, das waren noch Zeiten, Herr Kempa, auf dem Killesberg in der Halle 6. Als Bub durfte ich oft mit meinem Vater dorthin. Oder auch einmal ins Stadion, zum Spiel gegen Lintfort, vor 32000 Zuschauern. Mann, das waren, wie gesagt, noch Zeiten."

Ein Kleinfeld dank der BASF und vielen Gönnern

Viele Jahre hatte ich mich bemüht, für Frisch Auf ein Kleinfeld-Stadion zu beschaffen. Zusammen mit meinem Freund Siegfried Perrey aus Haßloch – er war seinerzeit Sportwart beim DHB und Koordinator für die Olympischen Spiele – beratschlagte ich, wie dieser Plan zu verwirklichen sei. Denn ein solches Kleinfeld-Stadion war eminent wichtig für uns, zumal der Handballsport in Göppingen expandierte. Wir schrieben das Jahr 1967 und hatten einfach nicht mehr genügend Spielmöglichkeiten für die vielen interessierten Jugendlichen, die zum Training und zum Handballspiel drängten.

Da kam uns zupass, daß Perrey gute Verbindungen zur Badischen Anilin- und Sodafabrik (BASF) hatte. Nachdem uns die Stadt Göppingen das Gelände für das neue Kleinfeld oberhalb des vereinseigenen Großstadions zur Verfügung gestellt hatte, war ein wichtiger Schritt getan. Perrey und ich brachten es jetzt fertig, bei der BASF Interesse zu wecken, und die Firma nahm die Gelegenheit wahr, gewissermaßen aus dem Kleinfeld ein Versuchsfeld für eigene Zwecke zu machen. Zumal da sie – zu Recht – glaubte, in Perrey und mir kompetente Fachleute aus dem Sport zur Seite zu haben.

Jetzt fand die Idee neue Freunde und Helfer. Dr. Heiner Zellers (FA-Vorstand) gute Verbindungen zu den in Göppingen stationierten Amerikanern war das nächste Plus bei unseren Plänen: Die US-Boys besorgten den Aushub und die Planierarbeiten, und den Betonunterbau erledigte die Firma Leonhard Weiß Göppingen, die Frisch Auf schon immer sehr wohlwollend gesinnt war. Und jetzt kommt wieder die BASF ins Spiel: Auf diesem Betonunterbau wurde ein von der BASF neu entwickelter Kunststoffbelag für Außensportanlagen eingebaut. Die BASF erhoffte sich dafür von mir und Perrey ein kompetentes Urteil über die Güte des

Belages, und ob er sich für solche sportliche Wettbewerbe eignen und bewähren würde.

Nach dreimonatiger Bauzeit fand die Einweihung mit einem Spiel Dukla Plag, dem mehrfachen Tschechischen Meister, gegen meine Mannschaft statt. Fazit: Die Spieler waren begeistert von der Elastizität des Belages. Alle meinten, sie würden wie auf Wolken schweben. Und ich schwebte mit.

Das Ganze war so gut wie zum Nulltarif entstanden und der Tenor im Verein war: Vielen Dank, Bernhard, ohne Dich hätten wir das nie geschafft.

Die kleinen Japaner waren ganz groß

Ein großes Erlebnis war für mich die Reise mit der deutschen Nationalmannschaft im September/Oktober 1956 nach Japan. Es war beinahe wie Handball im Urzustand. Die Japaner mögen es mir nachsehen – zumindest war es Handball im Entwicklungsland. In einem Spiel lagen die Japaner sehr schnell schon weit zurück, so daß wir uns noch während des Spiels absprachen, jetzt nicht eigentlich mehr ins Tor, sondern an Latte oder Pfosten zu zielen. Das klappte auch vorzüglich und unsere Gastgeber freuten sich darüber so köstlich, glaubten sie doch, wir hätten unser Pulver verschossen oder aber kein Zielwasser mehr.
Wir ersannen aber noch einen weiteren Trick. Wir überraschten die Japaner jetzt mit unserem berühmten „5er-Wechsel" und trugen unsere Angriffe nun, etwa wie beim Rugby, in der Breite vor, also beispielsweise vom Rechtsaußen über den Halbrechten bis

Einmarsch des deutschen Teams zum Länderspiel in Osaka. Deutschland gewann mit 27:16.

nach Linksaußen. Der Linksaußen warf den Ball zum Halblinken zurück und rochierte auf die gleiche Weise auf den rechten Flügel. So veränderte sich die Angriffsreihe fließend und wir blieben fast immer in Ballbesitz. Natürlich nicht immer und Fehler unsererseits nützten die Japaner sofort, um unser fließendes Angriffsspiel zu stören. So wurde das ganze ein lustiges „Breitwandspiel" mit erheblichen Vorteilen für uns, aber der zahlenmäßige Schaden blieb in Grenzen. Es hatten alle ihren Spaß gehabt und so ging es in die Pause. In der zweiten Halbzeit sah alles wieder ein bißchen anders aus. Zunächst schienen die Japaner gar nicht mehr auf den Platz zurück kommen zu wollen. Als Mannschaftskapitän machte ich mich auf die Suche. Kein Spieler, kein Offizieller war zu sehen, bis ich alle zusammen auf einem Nebenplatz fand, wo sie voller Eifer den 5er-Wechsel übten. Ich holte sie schön brav zum Spielfeld zurück. Und so ging das Spiel schließlich weiter: Die Japaner hatten Anwurf und sie begannen zu unserer Überraschung mit unserem 5er-Wechel,was bei den Zuschauern und bei uns helle Freude, ja große Begeisterung auslöste.

Bei den Spielern der beiden Mannschaften war immer wieder der krasse körperliche Größenunterschied festzustellen.

Die 30000 Zuschauer beim Spiel mit dem besagten 5er-Wechsel bestanden zum größten Teil aus Studenten und Schulklassen; diese sollten das Handballspiel kennen lernen.

Noch ein weiterer Höhepunkt in diesem Spiel für die Zuschauer war der Kampf um den rollenden Ball. Unser Spiel war bestimmt durch unsere Körpergröße, also „oben herum", während die kleinen Japaner sich „unten herum" zuspielten. Oft nun rollte der Ball am Boden und im folgenden Kampf waren die Japaner meist schneller am Ball. Aber wenn wir den Ball zuerst bekamen, rollten wir ihn einfach weiter zu einem Mitspieler und so ging das Spielchen immer weiter, begann immer wieder von vorn. Die Zuschauer, wie gesagt meist junge Menschen, waren hell begeistert von dieser Einlage, vor allem wenn ihre Mannschaft als Sieger aus dem Rollspiel hervorging.

Auf besonderen Wunsch der Japaner gab ich in der Freizeit den Trainern taktische Unterweisungen, die ich auch skizzierte. Sie hielten alles schriftlich fest und nahmen sogar meine zerknüllten Aufzeichungen aus dem Papierkorb mit, was mich freudig erstaunte. Auch hier waren die Japaner wißbegierig, lerneifrig und voller Begeisterung.

Ich möchte noch erwähnen, daß uns auf unserer dreiwöchigen Reise, die uns von Tokio über Yokohama, Nagoya, Kyöto Oraka, Ube und Kofu führte, überraschend die handballbegeisterte kaiserliche Hoheit Prinz Mobuhito Takamatsu begleitete. Wir erlebten auf dieser Reise aber auch ein Erdbeben und einen Taifun; ein Besuch in Hiroshima, der Stadt, auf die die erste Atombombe niedergegangen war, machte uns sehr betroffen. Auch der deutsche Botschafter in Tokio, Dr. Kroll, gab für uns einen Empfang. Aber eine ganz besondere Ehre war für uns die Einladung von Prinz Takamatsu in den Park des Kaiserpalastes, wo ein unvergeßlich schönes Fest stattfand.

Eine Rose zum Abschied als Dank für unsere liebenswürdigen Gastgeber.

Granollers –
in jeder Beziehung Spitze

Stolz wie ein Spanier war ich auch ziemlich genau acht Jahre später. Am 23. September 1958 weilte ich mit Frisch Auf in Granollers in Spanien zu einem Gastspiel. Granollers liegt etwas östlich von Barcelona. Ich hatte dort sechs Jahre hintereinander – immer wieder in meinen Schulferien, (wie ich eigentlich alle meine ausländischen Gastlehrtätigkeiten natürlich nur während der schulfreien Zeit machen konnte) – Balonmano trainiert. Mit allerbestem Erfolg: Die Balonmano Granollers wurden sechs Mal hintereinander Spanischer Meister. Das besondere an diesem Verein ist, daß er der einzige Club in Spanien ist, in dem ausschließlich Handball gespielt wird.

Die Spieler waren sehr wißbegierig, trainingsfleißig, temperamentvoll und außerdem intelligent. Mir hat dieses Training sehr

Schon unsere Ankunft in Granollers löste ungeheure Freude aus;
die halbe Stadt war auf den Beinen, um uns zu begrüßen.

viel Freude gemacht und die spanischen Handballer haben sehr viel gelernt.
Und dafür wollten nun der Club und die Stadt Dank sagen. Es wurde ein richtiges Dankesfest daraus, mit Blasmusik und Festzug, mit Spiel und Feuerwerk, mit Essen und Trinken. Wie sehr mich der Verein verehrte, konnte ich auch daran sehen: Im ganzen Clublokal hing kein Bild von General Franco, aber ein großes Bild von mir. Und zum offiziellen Empfang der Stadt für uns Göppinger war selbst der Alcalde von Granollers erschienen und sprach ehrende und dankende Worte. Ich hatte damals bei unserem Gastspiel gewiß einiges erwartet, denn ich kannte ja die spanische Gastfreundschaft, aber was wir dann in Granollers erlebten, das hat alle Erwartungen weit übertroffen. Übrigens: Das Gastspiel haben wir gewonnen, knapp mit 18:16. Aber was viel wichtiger und schöner ist – mit Granollers und vielen damaligen Akteuren verbindet mich noch heute eine herzliche Freundschaft, was sich in vielen Einladungen zu Jubiläen auch heute noch zeigt.

Beim Treff im Clubzimmer von Granollers: Kein Photo von Franco an der Wand – aber eines von Berhard Kempa.

Länderspielatmosphäre herrschte, als das Spiel angepfiffen wurde. Zuvor tauschten mein spanischer Freund José Cabrera und ich Wimpel und Gastgeschenke aus. Dies war nicht nur eine freundschaftliche Geste, sondern auch Zeichen einer herzlichen Verbrüderung.

Wußten Sie schon, daß ....

- *ich seit 53 Jahren Mitglied beim TC Frisch Auf Göppingen bin?*
- *ich zehn Jahre (1947–1957) aktiv bei FA gespielt habe, insgesamt 20 Jahre (1947–1961 und wieder 1961–1966) als Trainer tätig war?*
- *ich seitdem nie in einem anderen Verein Handball gespielt habe?*
- *ich 1955 nach dem Rücktritt von Handball-Bundestrainer Fritz Fromm zum Nachfolger des scheidenden Bundestrainers vorgeschlagen worden war, aber abgelehnt habe?*
- *die Deutsche Meisterschaft in der Halle 1954 (Krefeld) in einer Eissporthalle stattfand und die Eisfläche nur durch Bretter zugedeckt war?*
- *ich einmal auch ein guter Tischtennisspieler war? 1946 habe ich die Münchner Stadtmeisterschaft der B-Klasse gewonnen und in Göppingen habe ich mit meinem Bruder Achim ein gutes Doppel gespielt. Bei den württembergischen Titelkämpfen belegten wir einmal hinter Piffl/Neef, Jeschke/Holtz und Kugel/Saltzki den 4. Platz.*
- *ich 1946 um ein Haar auch ein Fußballmatch in der Süddeutschen Oberliga bestritten hätte? Als Handballspieler des TSV 1860 München habe ich gelegentlich auch bei den Fußballern mittrainiert und offenbar einen guten Eindruck hinterlassen. Jedenfalls wollte mich der damalige Trainer Dr. Schäfer für das Spiel beim 1. FC Nürnberg aufstellen. Aber da legten meine Handballkameraden ihr Veto ein: Danach sei ich doch wohl anderntags möglicherweise verletzt und nicht mehr fit fürs Handballspielen.*

„Kempa – der geborene Spieler“

Zu gegebener Zeit abzutreten vom aktiven Geschehen ist vielen Sportlern nicht leicht gefallen. Es sei denn, eine gravierende Verletzung hat sie dazu gezwungen. Ich muß zugeben, auch mir ist der Entschluß aufzuhören, sehr schwer gefallen.
Als ich meine Entscheidung getroffen hatte, hat die deutsche Handballzeitung zwei Seiten über mich geschrieben. Es war ein interessanter, sehr positiver Artikel. Hans Herbert Schödel, der ihn verfaßte, war damals ein anerkannter Sportjournalist, auch über die deutschen Grenzen hinaus. In aller Welt also wußte man jetzt, daß der „Zauberkünstler“ Bernhard Kempa künftig nicht mehr spielen würde.

Das war unmittelbar zum Ende der deutschen Hallenhandballmeisterschaft in Kiel 1956. Wir hatten das Finale verloren, doch das war nicht der Grund, weshalb ich zurücktrat. Ich wollte mit einem Endspielsieg meine Karriere als Spieler beenden. Ich konnte auf viele Jahre und auf viele Siege und Titel zurückblicken. Also Schluß.

Mein Nationalmannschaftskamerad, Dr. Jürgen Isberg, widmete mir in einer großen Sportzeitung über hundert Zeilen, rühmte meine Fähigkeiten und meinen Sportsgeist. Er schrieb zum Beispiel: „Der deutsche Handball hat seinen Fritz Walter verloren. Der Zaubergeiger spielt nicht mehr.“ Auch meine Werferqualitäten analysierte Jürgen: „Er hatte eher einen unscheinbaren Wurf. Fast gemütlich, ziemlich weit von hinten geholt, nicht selten in einem Bogenwurf im Tor endend.“

Isberg fragt dann in seinem Artikel, wie das möglich gewesen sei. Und fährt dann in seiner Beschreibung fort: „Kempas Trick war zugleich seine Natur. Er war ein geborener Spieler, jeder Konditionsbolzerei, überhaupt der Entfaltung roher Kraft abhold. Er gehört zu jenen Spielertypen, die wie Gottfried von Cramm der Überzeugung sind, der Spieler entwickle sich im Spiel, und alles,

was er zum Spiel brauche, wüchse ihm im Spiel zu. Und der Erfolg hat Bernhard Kempa recht gegeben".

Jürgen Isberg analysierte dann noch im Detail meine Art zu werfen, daß ich dem Ball eine Art Nachschlag gebe, der die Fahrt und die Flugbahn des Balles beeinflusse und schloß dann so: „Jetzt also tritt der Fritz Walter des Handballs zurück. Der Handballsport wird lange warten müssen, bis ein neuer Könner seiner Klasse geboren wird."

Ich weiß nicht, ob ich meine Kameraden aus dem Nationalteam enttäuscht habe und vielleicht viele andere Handballfreunde ebenso – denn wenig später bin ich rückfällig geworden. Zwar nur für eine kurze Zeit, aber irgendwie war es schon ein Rücktritt vom Rücktritt:

Meine Frisch-Auf-Mannschaft war erneut unter die letzten Vier im Feldhandball gekommen und meine jungen Spieler bedrängten mich, doch noch einmal mitzumachen. So wurde ich also rückfällig, machte noch einmal mit und wir erreichten tatsächlich das Finale. Dieses Endspiel 1957 war dann die berühmte Hitzeschlacht in Karlsruhe und vor 20000 Zuschauern gewannen wir bei glühender Hitze gegen die SG Leutershausen nach einem 8:8 bei Ende der regulären Spielzeit mit 14:11 in der Verlängerung.

Und jetzt war endgültig Schluß, ich trat als Spieler definitiv zurück und wirkte fortan ausschließlich als Trainer.

Ordnung muß sein

Ich war 1956 als aktiver Spieler zurückgetreten und die Spiele um die Deutsche Feldhandballmeisterschaft 1957 waren in vollem Gange, Frisch Auf stand vor dem Halbfinalspiel gegen Hasse Winterbek Kiel, das in Fellbach stattfand. Am Vorabend hatte ich erfahren, daß ein Spieler eine Fete veranstaltet hatte, die bis weit in die Nacht hinein gedauert hatte. Es war für mich klar, daß dieser Spieler, obwohl jung und Nationalspieler, keinen Platz in der Mannschaftsaufstellung finden konnte. Was tun? Ich hatte vorsichtshalber meine Spielausrüstung dabei. Als nun der Spielbeginn näher rückte und die Journalisten mich drängten, die Aufstellung bekanntzugeben, bat ich sie um eine halbe Stunde Geduld. In der Kabine eröffnete ich der Mannschaft meinen Entschluß: Einer unserer Stammspieler wird nicht eingesetzt werden, weil er sich nicht an unsere Verhaltensregeln gehalten hat. Es gab ein großes Erstaunen im Team und vor allem tauchte die Frage auf – wer soll einspringen? Meine Antwort war kurz und bündig: Ich! Daraufhin verständigte ich die Journalisten über die Aufstellung, was riesige Spannung erzeugte – wie wird Bernhard Kempa nach einem Jahr Spielpause in Form sein?

Als über die Lautsprecher die Aufstellung bekannt gegeben wurde und mein Name fiel, ging ein großes Raunen und auch Beifall durch die Zuschauermenge. Die Kieler Spieler, unter Leitung von Hein Dahlinger, unterbrachen sofort ihre Einspielzeit, um eine neue Taktik zu besprechen.

Im Spiel klappte dann bei uns alles wie gewohnt. Als Dirigent führte ich unsere Mannschaft wie früher. Wir gewannen diese Vorschlußrunde und standen im Endspiel. Auf Drängen der Mannschaft spielte ich auch das Finale mit und auch mein „Sünder" durfte seinen Stammplatz wieder einnehmen. Bei großer Hitze und vor 25000 Zuschauern im Wildparkstadion in Karlsruhe gewannen wir in einem dramatischen Spiel in der Verlängerung.

Vom Aktiven zum Trainer

Ja, nun spielte und stürmte ich also nicht mehr mit und neben meinen Buben. Mit dem Gewinn des Deutschen Meistertitels 1957 (Feld) hatte ich meine aktive Spielerzeit beendet und war gewissermaßen nahtlos vom Spielertrainer in die des Trainers geschlüpft. Eine große Umstellung war das nicht gerade, denn trainiert hatte ich die Grün-Weißen ja schon seit 1947. Seit ziemlich genau zehn Jahren also. Und so veränderte sich nicht viel. Und doch – ich merkte den Unterschied. Auch Spieler wie Vollmer, Weiß, Jarosch oder Wohletz, Singer, Grill und Pflüger merkten ihn. Der geistige Lenker fehlte, der Taktierer aus dem Hintergrund, auch der Mann mit der Ruhe.

Aber das gab sich schnell. Natürlichgab es Anlaufschwierigkeiten, die sich zunächst schon auf kleiner Ebene bemerkbar machten, zumal beim Turnerbund Esslingen mit dem wurfgewaltigen Simmendinger eine eminent starke Mannschaft herangewachsen war.

Bernhard Kempa nicht mehr auf dem Spielfeld, sondern am Spielfeldrand – ein ganz neues Gefühl.

Um die „Württembergische“ (Halle) siegte der TBE, wir verloren das Finale, revanchierten uns jedoch bei der „Süddeutschen“. Die Spiele wurden damals an einem Wochenende in Turnierform auf dem Killesberg in Halle 6 ausgespielt und unter den 6000 Zuschauern, die aus der ganzen Region kamen, herrschte eine großartige Stimmung. Bei jedem Spiel gab es ein riesiges Handballfest und je nachdem, welche Mannschaften spielten und in welchem Block die lokalen Fans saßen, war dort die Hölle los. Noch heute sprechen mich Leute an: „Mensch, Herr Kempa, das waren noch Zeiten, als in der Halle 6 auf dem Killesberg die 'Württembergische', die 'Süddeutsche' oder die 'Deutsche' ausgetragen wurde.“ Ja, und obwohl ich also nun nicht mehr spielte, die Mannschaft nur noch trainierte, wurden wir 1958 erneut Deutscher Meister. Wir besiegten im Finale in Haßloch den Berliner SV 92.

Dann kam das Jahr 1959. Es war ein Volltreffer. Ohne auch nur eine Spur von Lampenfieber oder gar Angst, ohne „ihren Kempa“ spielen zu müssen, traten die Youngsters auf. Sie wußten ja ihren Trainer an der Seitenlinie, und sie hatten während des Trainings aufgepaßt. Trotzdem, es war gigantisch, wie der TC Frisch Auf Göppingen in der Halle aufspielte. Württembergischer Meister, Süddeutscher Meister, Deutscher Meister. In der Essener Gruga-Halle verlor der westdeutsche SV Westerholt das Endspiel mit 5:8. 1:8 hatte der Gegner schon zurückgelegen, als Frisch Auf die Zügel lockerte und den Sieg lässig, aber sicher nach Hause spielte. Einige Millionen Menschen sollen das Finale am Fernsehschirm verfolgt haben, 7000 Zuschauer waren in der Halle gewesen.

Die Mannschaft (Frisch Auf) und der Trainer (Bernhard Kempa) waren jetzt eins, aus einem Guß. Alles harmonierte, die Mannschaft verstand sich untereinander blind und vergaß nicht auf die Signale von der Seitenlinie zu achten. Die Vorbereitung und Einstellung waren richtig und erfolgreich.

Und so gelang wenig später noch ein weiterer Schritt. Frisch Auf hatte die Tür zum neugeschaffenen Europapokal aufgestoßen und machte auch dort eine gute Figur: Nach dem 10:8-Sieg gegen Dynamo Bukarest in der Stuttgarter Killesberghalle 6, die längst zu einer Hallenhandball-Hochburg geworden war, zog Frisch Auf ins Endspiel ein, wo dann aber Redsbergslid Göteborg Endstation war. Die Schweden gewannen in der Halle „Pierre de Coubertin" in Paris 18:13. Aber wir waren doch stolz, so weit gekommen zu sein und den deutschen Handball würdig vertreten zu haben.

Ein toller Abschluß des Handballjahres 1959 war die Verleihung des Silbernen Lorbeerblattes in Würzburg durch DSB-Präsident Willi Daume an den Verein und die Mannschaft von TC Frisch Auf Göppingen. Wir hatten allen Grund, stolz auf das Erreichte zu sein.

War ein solches Erfolgsjahr noch zu übertreffen? Kaum. Aber die Buben wollten es versuchen. Ja, sie wollten noch mehr. Und das Jahr 1960 kam. Mit ihm wieder die Meisterschaft auf Landesebene, erneut der Titelgewinn im Süden, und abermals errangen die Grün-Weißen aus Göppingen den Deutschen Meistertitel. BSV 92, Bayer Leverkusen und TSV Ansbach hatten in den Vorrundenspielen keine Chance, und genau so erging es dem TV Hassee Winterbek im Finale – 6:3 gewannen wir. Das alles war in der Halle. Und damit waren wir auch wieder im Europapokal dabei.

Zuerst aber mußten wir die Vorschlußrunden gewinnen und besonders den letzten Gegner, Dynamo Bukarest, besiegen. Der erste Gegner Aalsmeer (Holland) war kein Problem, wir gewannen 27:12. Aber die Rumänen lieferten uns eine heiße Schlacht in der Halle 6 auf dem Killesberg. Manfred Grüninger von der NWZ meinte: „ Es war ein Treffen, das nicht den Schönheitspreis verdiente, aber an den Nerven zerrte, wie kaum jemals ein Hallenhandballspiel zuvor. Der Sieg hing bis zuletzt an dem berühmt-berüchtigten seidenen Faden, so daß die Partie erst in den letzten 30 Sekunden endgültig mit 10:8 entschieden war".

Den Weg ins Finale erspielten: Burkhardtsmaier, Weinert, Grill, Speidel, Meister, Vollmer, Weiß, Jarosch, Röhm, Pohl, Schwander und Pflüger.

Das Endspiel in Paris gegen GF Aarhus gewannen wir 18:13. Hier der Bericht eines Reporters aus Paris: „Was FA Göppingen zeigte, war das, was den Organisatoren des Cups vorschwebte: Hallenhandball in Vollendung. Bernhard Kempas kollektives Führungssystem, in dem jeder Spieler jede Aufgabe meistern muß, bewährte sich geradezu einmalig. Der artistische, ja schwerelose Stil war bei den restlos beigeisterten Zuschauern geradezu König. Die Kondition des Siegers war überdurchscnittlich, die Technik bis zu Vollendung entwickelt und die Taktik von sagenhafter Durchschlagskraft. Für uns war diese Taktik das frappierendste an diesem Cupgewinn. Es bewährte sich, daß der Deutsche Meister zwischendurch keine Feldhandballspiele mehr bestritt.“

Emil Horle, IHF-Vorstand aus der Schweiz: „FA Göppingen zeigte Handball in Perfektion.“

Raahauge Nielsen vom Vorstand des Aarhus GF: „Den in Hochform spielenden Göppingern war kaum beizukommen. Als dann 5000 Franzosen nur für die Buben des „Monsieur Handball“ kämpften und schrien, waren die Nerven meiner Dänen zu stark beansprucht.“

Der IHF-Vizepräsident Petit-Montgobert (Frankreich): „Ihr seid die beste Handball-Equipe der Welt.“

Bernhard Kempa: „ Über eine solche Leistung kann man sich nur freuen. Es wärmt einem das Herz, wenn man sieht, wie schön die Saat jahrelanger Arbeit aufgeht.“

Nicht nur uns selbst, auch unserem Handballpräsident (DHB) Ernst Feick machten wir eine große Freude. Es sei das beste Handballspiel gewesen, das er je gesehen habe, sagte Feick nach unserem 18:13-Sieg im voll besetzten Stadion „Pierre de Coubertin“. Der Dänische Meister aus der 150000 Einwohner zählenden Stadt Aarhus war der Mannschaft aus dem kleinen Göppingen unterlegen und die etwa 150 Göppinger Schlachtenbummler in Paris winkten stolz mit ihren grün-weißen Fahnen. Lassen Sie mich, auch weil es mich rundum stolz gemacht hat, diese exzellente Hallenbilanz 1960 im Zeitraffer zusammenfassen: Binnen 14 Tagen gewann Frisch Auf Göppingen den 8. Süddeutschen Meistertitel, den 5. Deutschen Meistertitel und erstmals den Europapokal, also quasi die Europameisterschaft.

Bei unserer Rückkehr nach Göppingen, es war längst Nacht, bereitete uns die Stadt einen überwältigenden Empfang. Vom Bahnhof durch die Marktstraße bis zum Rathaus standen die Göppinger Bürger und jubelten, und meine Buben – die inzwischen ausgewachsene Männer waren – strahlten um die Wette. Und dann wurde herzhaft in der Stadthalle gefeiert – auch Oberbürgermeister Dr. König war begeistert, setzte ein freudiges Lächeln auf und griff stolz nach dem Siegerpokal.

Auch 1961 war wieder von Erfolg gekrönt. Halle: Württembergischer, Süddeutscher, Deutscher Meister. Feld: 2. Südmeister und bis ins Halbfinale der „Deutschen" vorgedrungen.

Warum 1961 für mich aber ein besonderes Jahr wurde und besonders erinnerungsträchtig ist: Ich beendete meine Trainertätigkeit bei Frisch Auf Göppingen nach 14 Jahren. 1947 hatte ich im Klubhaus von FA angefangen. Ich hatte eine 1. und eine 2. aktive Herrenmannschaft angetroffen, die Erste spielte bereits um die Württembergische Meisterschaft. Auch das Training der Jugendmannschaften war mir übertragen worden; aus den 12- bis 13jährigen Jugendspielern entwickelten sich die späteren Kempa-Buben. Sie alle waren guten Willens und fleißig. Und Jahr um Jahr ist das Team ein Stück gewachsen, mehrte sich das Können, sammelte sich die Erfahrung zu einem reichen Schatz an und dann stellten sich schließlich und stetig die Erfolge ein.

Nachdem mich 1961 das Kultusministerium in Stuttgart an die Pädagogische Hochschule in Esslingen geholt hatte, trat ich als Trainer zurück und übergab die Aufgabe an Edwin Vollmer. Ich war guten Mutes und hegte die berechtigte Hoffnung, daß ich ihm ein gutes Erbe anvertraut hatte. Ich hatte mich nicht getäuscht.

Edwin Vollmer war einer meiner talentiertesten Spieler, und ich war sicher, daß er auch das Zeug zu einem guten Trainer haben werde. Auch darin täuschte ich mich nicht; und doch, an ein paar Stellen zeichneten sich Mangelstellen ab. Sie traten nicht zuhauf und auch nicht zugleich auf, aber allmählich eben doch erkennbar.

In der Halle wurde der Übergang weniger sichtbar, hier vollzog sich der Wechsel fast nahtlos. Württembergischer Meister, Süddeutscher Titelträger, 2. Deutscher Meister und – wieder Europapokalsieger. Es lief fast wie geschmiert weiter. Nur im Feld wirkte manches wie eine Bremse: Nach dem Südtitel reichte es outdoor nur zu Platz 3.

Zu einem bösen Zwischenfall war es beim Endspiel 1962 um den Europapokal gegen den Partizan Bjeloer Belgrad in Paris gekommen. Hier zeigte Frisch Auf-Kapitän und -Trainer Edwin Vollmer echte Würde und Vorbildfunktion. Im Wurfhagel von vielen hundert leeren Bierdosen, die auf das Hallenfeld flogen und gegen den Schweizer Schiedsrichter Lerch gezielt waren, der eine ganze Reihe von Fehlentscheidungen, beide Seiten benachteiligend, traf, behielt Vollmer klaren Kopf und mit ihm auch alle anderen FA-Spieler. Nachdem Vollmer den Silberpott in Empfang genommen hatte, bedankte sich Pfeifenmann Lerch bei ihm und der Mannschaft: „Nicht auszudenken, was passiert wäre, wenn auch euch der Gaul durchgegangen wäre.“ Und DHB-Präsident Feick lobte: „Ihr habt dem deutschen, ja dem Handball überhaupt, einen großen Dienst erwiesen.“

Schon 1963 aber traten erste Risse im Frisch Auf-Team auf. Zunächst waren es Lücken infolge von Spielerwechseln, was immer auch die Gründe hierfür waren. Diese Lücken ließen sich nicht immer von heute auf morgen schließen; zwar reichten das Können, die Geschlossenheit und Vollmers Bemühungen noch ein Stück weiter zum Erfolg: Württembergischer Titel, auch Südmeister, 3. Deutscher Meister in der Halle und Halbfinale beim Europapokal, aber auf dem Feld war das FA-Team von der Rolle und schnell aus dem Rennen. Schon im ersten DM-Spiel kam gegen TuS Wellinghofen das Aus. Und noch deutlicher zeichneten sich ein Jahr später diese ersten Risse als ernsthafte Gräben ab: Seit 1954 erreichte Frisch Auf erstmals nicht die Endrunde in der Halle und überstand auf dem Feld die erste Runde um die „Deutsche“ nicht.

In Göppingen hoffte man wieder, als 1965 die Grün-Weißen wieder Deutscher Hallenmeister, auf dem Feld wieder Südmeister wurden und auch um die „Deutsche“ wenigstens ordentlich mitgemischt hatten. Aber der Niedergang war nicht mehr aufzuhalten. 1966 verlor Frisch Auf im Europapokal in der Vorrunde gegen Dukla Prag, in der Vorrunde (Halle) um die „Süddeutsche“ wurden die Göppinger nur Dritter und verpaßten damit den Einzug und damit auch den Aufstieg in die neugegründete Hallen-Bundesliga! Das war eine Sensation und als FA Göppingen auf dem Feld in der Regionalliga Süd nur Platz 6 belegte, passierte genau das, was auch heute in vielen Spielklassen, und nicht nur in den Bundesligen geschieht – der Trainer mußte gehen.

Für den Handball und erst recht für Frisch Auf Göppingen war dies ein Novum. Wer könnte das Blatt wenden? Der Ruf nach Bernhard Kempa wurde laut, zumal der damalige FA-Präsident Dr. Heinrich Zeller ankündigte, daß mit allergrößter Wahrscheinlichkeit der Nachfolger von Edwin Vollmer Bernhard Kempa heißen würde.

Und in der Tat. Genau so, wie ich mich vor etlichen Jahren hatte erweichen lassen, meinen Rücktritt als Spieler rückgängig zu machen, so ließ ich mich auch diesmal erweichen. Ich konnte und wollte den Verein, der mir in vielen Jahren, ja, in genau zwei Jahrzehnten richtig ans Herz gewachsen war, nicht im Stich lassen. Und obwohl die Bundesliga ohne Frisch Auf Göppingen spielte, zog ich mir die Trainerkluft wieder an.

Und ich hatte wieder Erfolg, zumindest in Teilen. In der Halle waren wir schon 1967 ganz oben: Wir schlugen Südwestmeister TV Erbach 30:10, verloren aber das Rückspiel in St. Ingbert 11:15 und weil damals das Torverhältnis noch nicht zählte, mußten wir nach Darmstadt reisen, zum Entscheidungsspiel. 14:13 hieß es für uns am Ende und Frisch Auf spielte in der 1. Bundesliga. Jedenfalls in der Halle. Auf dem Feld wurden wir in der Regionalliga nur Dritter und blieben damit zweitklassig.

Aber einen schönen Erfolg durften wir in diesem Jahr 1967 noch feiern. Nachdem wir viele, viele Jahre die ehemalige Exerzierhalle – nach dem Krieg bekannt als „Bepo"-Halle (Bereitschaftspolizei-Halle) – für alle Mannschaften einmal in der Woche benutzen durften, erhielt Göppingen jetzt eine neue Sporthalle. Die „Bepo" war unbeheizbar und der Fußboden bestand aus Holzpflöcken, die im Winter stellenweise eisig waren. Nun hatten die jahrelangen Bemühungen von Oberbürgermeister Dr. Herbert König, der der Mannschaft immer als ein väterlicher Freund zur Seite stand, Erfolg.

13 Jahre nach unserem ersten Titelgewinn, damals in Krefeld gegen Polizei Hamburg, wurde der Traum von einer Göppinger Sporthalle wahr. Der OB weihte die „Hohenstaufenhalle" am 15. Dezember 1967 ein. Die Halle war ein mustergültiges Kleinod, in dem 4000 Zuschauer Platz fanden, um ihr Team anzufeuern, und wir waren recht glücklich. Ganz offensichtlich motivierte die eigene Halle uns auch. Wir mußten nicht mehr hören, daß wir ein „Meister ohne Werkstatt" seien, wir hatten endlich eine richtige Werkstatt und wir machten daraus noch mehr: So paradox dies klingen mag, wir stiegen 1968 auch in die Feld-Handball-Bundesliga Süd auf. Nach einer 12:13-Niederlage in Berlin gegen die Reinickendörfer Füchse gewannen wir anderentags das Rückspiel 16:11 – der Aufstieg war geschafft und FA Göppingen fuhr von jetzt an wieder zweigleisig, in Halle und Feld erstklassig. Und zum erstenmal sah ich ein Bild des Frisch-Auf-Teams im Dress und daneben seinen Trainer – in Zivil. Den Trainer Bernhard Kempa.

Nach der 12:13-Niederlage im ersten Spiel hatte ich meine Jungs noch rügen müssen, weil sie zwar gut gespielt, aber erbärmlich schlecht geworfen hatten, in jeder Situation unkonzentriert. Anderntags freilich gab es Lob für sie. So clever haben die Burschen selten gespielt und auch vorzügliche Deckungsarbeit geleistet. Das war die Überraschung für mich. Jetzt bereute ich keinen Augenblick mehr, noch einmal die Trainerkluft angezogen zu haben. Die Mannschaft zahlte mir meinen Entschluß mit Zinsen heim.

Und der Aufwärtstrend hielt an. 1969 wurden wir Zweiter in der Halle und belegten den vierten Platz auf dem Feld. Die böse Überraschung spielte sich diesmal auf einer anderen Ebene ab: Finanziell waren sowohl die Spiele in der Halle als auch auf dem Feld ein Verlustgeschäft. Vor allem die Spiele auf dem Feld verloren zusehends an Zugkraft, sie wurden zu einem rechten Zuschuß-unternehmen. Außerdem machte sich deutlich bemerkbar, daß sich Handball in der Halle und Handball auf dem Feld nicht so recht vertrugen. Die Beanspruchung wurde zu groß, weil die Anforderungen für die Spieler zu unterschiedlich waren. Und zwar in Training und Spiel, und eine fortwährende Umstellung in der Trainingsarbeit wäre kaum noch zu packen gewesen, nicht für den Trainer und nicht für die Spieler.

Auch die Räume für die Spielmöglichkeiten differierten, die Beanspruchung der Muskulatur (Spieler) war völlig verschieden – kurzum: die Halle lief dem Feld eindeutig den Rang ab. Ich legte bei Frisch Auf darum das Schwergewicht in der Trainingsarbeit auf die Halle. Mit überraschend gutem Erfolg – wir wurden 1970 Deutscher Meister in der Halle. Wir schlugen im DM-Finale in Frankfurt in der Festhalle vor 11200 Zuschauern den VfL Gummersbach 22:18.

Dieses Finale bedarf einiger Sätze. Es war Handball brutal. So die Überschrift in einer Tageszeitung damals und kein Geringerer als der damalige deutsche „Olympiaboss" Siegfried Perrey, ein Handballkenner von allergrößten Gnaden, bezeichnete die 21. Finalbegegnung im deutschen Hallenhandball als das „schlechteste Handballspiel aller Zeiten". Warum Perrey dem Spiel diese miserable Note verlieh? Weil beide Mannschaften vergaßen, Handball zu spielen. Es ist geboxt worden, gerungen, man hat gecatcht und geschlagen, das Publikum war außer Rand und

Band, Bierkonsum über die Maßen hatte den Zuschauern den Blick getrübt. Auch die beiden norddeutschen Schiedsrichter hatten nicht bestes Format gehabt; wären sie bei vielen Stürmerfouls eingeschritten und hätten nicht gegen die jeweilige Abwehr, sondern gegen die wild spielenden Angreifer entschieden, hätte es nicht die Siebenmeterflut (insgesamt 16) gegeben und so wären auch keine zwölf Hinausstellungen (auf Zeit) notwendig geworden.

Nachdem wir im gleichen Jahr nur Vorletzter in der Bundesliga Süd (Feld) geworden waren, war dieses Jahr 1970 ein sehr unterschiedliches Jahr für uns, aber unter dem Strich glaube ich, daß es für mich die Bestätigung dafür war, daß ich auf das richtige Pferd (Halle) gesetzt hatte.

Das zeigte sich in aller Deutlichkeit ein Jahr später – 1971. Der sportliche Erfolg des Feldhandballspiels blieb Meilen hinter den Kosten, die den Vereinen entstanden, zurück, und Frisch Auf Göppingen zog schnell die Konsequenzen daraus. Obwohl es mir in der Seele leid tat, mußte ich mitmachen: Wir zogen unsere Mannschaft aus der Feld-Bundesliga zurück, das Spiel in der Halle hatte gewonnen.

Zwar hatte die Härte im Spiel zugenommen, aber die Attraktivität stieg wegen des höheren Tempos; oftmals kamen Technik und Taktik zu kurz, siegten allein Kraft und Athletik. Nicht mehr das technisch gute Spiel hatte am Ende die Nase vorn, sondern Kampf triumphierte. Härte, und in all den Jahren, die jetzt folgten, überwogen mehr und mehr auch Fouls. Nicht selten wurde dem Spiel damit der so genannte Spielfluß genommen, immer häufiger siegten die großen Kerle – kleinere Spieler, körperlich schwächere aber technisch versierte Spieler zog es bald nicht mehr hin zum schönen Hallen-Handballspiel.

Ich will nicht sagen, daß all diese Überlegungen meine nächste Entscheidung wesentlich beeinflußt hätten, aber heute glaube ich es doch so zu sehen. Vor allem das Finalspiel ein Jahr zuvor gegen Gummersbach hat mich tief getroffen. Insgesamt war es die ganze Entwicklung, die mich lähmte, mir da und dort die Freude am Spiel, die ich bis dahin stets empfunden hatte, getrübt hatte. Viele Kenner des Handballs hatten mir ja schon immer nachgesagt, daß meine Spielart, auch wie ich sie vermittelte, aus dem Spielerischen komme, aus dem Spaß an der Freude. Dieser Spaß hatte jetzt einen bösen Dämpfer erhalten, da jetzt die Parole „Kampf bis zum Foulspiel" hieß.

Das letzte Trainerjahr – und noch ein Erfolg

So wurde das Jahr 1971 mein letztes Handballjahr. Wir zogen noch in die Zwischenrunde um die „Deutsche“ ein, schieden dann dort gegen Grün-weiß Dankersen nach einem zu knappen Heimsieg (15:13) und einer deutlichen Niederlage in Dankersen (7:15) aus – und das war's dann. Ich beendete nach fünf erneut erfolgreichen Jahren endgültig meine Trainertätigkeit. Vor allem bewegten mich auch berufliche Gründe dazu. Ich übergab meinem Nachfolger eine völlig intakte Mannschaft.

An meiner Stelle übernahm Edmund Meister das Ruder und wurde Trainer. Und daß auch er viel gelernt hatte in der „Kempa-Schule“, bewies Edmund Meister gleich im ersten Jahr seiner Arbeit. FA Göppingen wurde zum 11. Mal Deutscher Meister. In einem nicht nur spannenden, sondern auch überaus hart geführten Endspiel in Böblingen wurde der VfL Gummersbach 14:12 geschlagen. Spielentscheidend war letztlich die bessere Kondition der Göppinger, die von Edmund Meister bestens trainiert und vorbereitet worden waren und dank ihrer eisernen Nerven zum Schluß die Power des VfL niederhielten. Also konnten Taktik, spielerisches Vermögen, Ausdauer und mannschaftliche Geschlossenheit sich doch auch noch durchsetzen gegen Kraft und Härte. Freilich, zu den Trümpfen des TC Frisch Auf Göppingen zählte auch ein Mann im Tor: Uwe Rathjen hielt und hielt und hielt im Finale – und entnervte die Gummersbacher.

Auch für diesen 11. Titel gab es eine würdige Feier. Frisch Auf wurde von Minsterpräsident Hans Filbinger in die Villa Reitzenstein nach Stuttgart eingeladen, nachdem zuvor schon die Stadt Göppingen das Team in der Göppinger Stadthalle geehrt und ausgezeichnet hatte. Ein Novum fiel bei dieser Ehrung in Göppingen besonders ins Auge: Das ganze Frisch Auf-Team war in einheitlichen Anzügen zur Feier erschienen.

Ein Himmelfahrtskommando

Ich war fast auf den Tag genau, es war im April 1985, so alt wie Udo Lattek, als dieser kurz vor Ablauf der Fußballsaison 1999/2000 das Training der Borussia Dortmund übernahm und als ich bei Grasshoppers Zürich einsprang. Und ich hatte den gleichen Erfolg wie Udo mit den Borussen. Freilich, ich hatte diesen Erfolg nicht mit den Borussen und natürlich nicht im Fußball, sondern im Handball.

Die GC, wie man die Grasshoppers in der Schweiz kurz nennt, standen 1985 in der höchsten Schweizer Liga vor dem Abstieg, und dies im Jahr ihres 100jährigen Vereinsbestehens. In 18 Spielen hatte der GC nur 9 Punkte gesammelt und mußte nun in die Abstiegsrunde. Da erinnerte sich de GC-Präsident Karl Schmid, der 1936 bei den Olympischen Spielen in Berlin im Goldvierer mit Steuermann saß, an den Handball-Weltmeister Bernhard Kempa. Schmid nutzte eine Geschäftsreise nach Süddeutschland zu einem Abstecher nach Göppingen, wo er mich aufsuchte. Fazit unseres kurzen Gesprächs: Ich sollte GC helfen. In den sechs Spielen der Abstiegsrunde durfte kein Spiel verloren gehen, um in der höchsten Spielklasse zu verbleiben.

Das war ein Himmelfahrtskommando! Ich erbat mir acht Tage Bedenkzeit. Bei einem zweiten Treffen mit Karl Schmid am Stuttgarter Flughafen und nach zwei Glas Rotwein ließ ich mich auf dieses Abenteuer ein. Und so saß wenig später „ein Herr im feinen Anzug und Krawatte und einer markanten Adlernase“ – so schrieb eine Züricher Zeitung – auf der GC-Trainerbank. Ich traf ungünstige Voraussetzungen an, die nicht nur mich, sondern auch die Mannschaft betrafen. Einige der Spieler, die gerade ihren Militärdienst ableisteten, standen nicht immer zum Training zur Verfügung und noch schlimmer – auch nicht bei den Spielen. So hieß es in den bevorstehenden sechs Wochen, den Spielern vor allem in taktischen und psychologischen Belangen mit Ratschlägen zu helfen, denn Kondition und Einsatzbereitschaft brachten sie alle mit.

Die Spiele forderten von allen Beteiligten bis zum letzten Schlußpfiff Nerven wie Drahtseile. Wir schafften es gemeinsam, von Spiel zu Spiel, mit Hin- und Rückrunde zu gewinnen, ob gegen Gym Biel, ATV Basel oder Emmenstrand. Nur ein Spiel beendeten wir mit einem Unentschieden, aber das konnten wir uns leisten.

Nach dem letzten Spiel nahm mich mein Freund Karl Schmid in die Arme, glücklich über den erfolgreichen Ausgang dieses sechswöchigen Abenteuers. In den Züricher Medien nannte man mich den „Rettungsengel von Zürich“ und Schmid bat mich, als Trainer beim GC zu bleiben. Er offerierte mir ein traumhaftes Angebot. Es wäre zum erstenmal für mich gewesen, für ein solch üppiges Honorar als Trainer zu arbeiten. Aber da erinnerte ich mich an die Worte meines Sohnes Bernd, der bei einem der Spiele in Zürich zugegen war, um zuzuschauen. Er steckte damals gerade im Medizinstudium und meinte: „Vater, wenn du noch länger leben willst, dann rate ich dir, dieses Angebot nicht anzunehmen. Ich habe dich während des Spiels beobachtet und gesehen, wie dich diese 60 Minuten nervlich belastet haben“. Ich befolgte seinen Rat und blieb beim „sanfteren“ Tennis.

Es war so schön gewesen – ich werd' es nie vergessen

Ein paar nette Reminiszenzen an so manche schöne Reise ins und so manches schöne Erlebnis im Ausland sind noch erwähnenswert.

Schweiz

Es war bei einem Länderspiel in der Schweiz. Otti Schwarz, Kapitän und Rekordnationalspieler der Schweiz, war mein Gegenspieler. Er kannte manchen meiner Tricks, auch weil ich ihm diesen oder jenen gezeigt hatte, sozusagen studienhalber. Nun zeigte ich ihm im Länderspiel einen Trick, den er noch nicht kannte. Otti stand mit ausgebreiteten Armen vor mir, um mich am Torwurf zu hindern. Anstatt den Ball auf den Boden zu tippen, tippte ich ihn gegen seine Brust, fing den Ball wieder auf und nützte seine Schrecksekunde, in der er ins Leere griff, zum erfol-

Bernhard Kempa und Otti Schwarz beim WM-Spiel Schweiz : Deutschland 1951 in Aarau.

greichen Torwurf. Nach dem Spiel klärte ich Otti auf: „Das war eigentlich kein Handballtrick, ich kenne ihn vom Basketballspielen." „Basketball?" fragte Otti verdutzt. „Ja, Basketball. Wir haben bei Frisch Auf auch Basketball gespielt, da brauchte man nicht so viel Platz und keine Tore, denn bei uns in Göppingen gab es auch für den Handball Hallenprobleme.

Übrigens, mit dem SV Prag, SV Möhringen und SV Degerloch waren wir damals ein starkes Basketballquartett in Württemberg, und Frisch Auf wurde dreimal Württembergischer Meister." Da konnte der gute Otti nur staunen.

Jugoslawien

Beim Abschlußabend in Belgrad bestand ich den Sliwovitztest. Wenigstens im Trinken ihres Nationalgetränks wollten die Gastgeber mich schlagen. Immer wieder füllten sie mir mein Glas nach, und immer wieder leerte ich mein Glas. Dabei merkten die lieben Kollegen gar nicht, daß ich – handballgewandt wie ich war – mein Glas ziemlich regelmäßig über die Schulter in einen der vielen herumstehenden Blumentöpfe schüttete. Gewiß ein alter Trick, aber er gelang perfekt. Schließlich waren die Blumentöpfe voll und nicht ich, und meine Sliwovitzspender sahen sich erstaunt an – was, das kann er auch?

USA

Ein tolles Erlebnis war meine erste Begnung mit dem Golfschläger. 1971, ein Jahr vor den Olympischen Spielen in München, leitete ich einen Handball-Lehrgang für die US-Handballnationalmannschaft in den USA. Die Jungs waren sehr gelehrig, aber da sie aus verschiedenen Sportarten wie Basketball, Rugby, Football etc. kamen, war es für mich nicht einfach, sie auf das Handballspiel einzustellen. Aber Golfspielen konnten sie alle. Also spielten wir in der Freizeit meist Golf. Sapperlot, mußte ich da fast zu meiner eigenen Verwunderung feststellen, auch da war ich ziemlich gut. Spieler und Verantwortliche waren von meinen

Abschlag- und Puttkünsten so angetan, daß sie mir zum Abschied eine komplette Golfausrüstung schenkten.
Erwähnen muß ich noch, daß ich als Lehrgangsleiter zwar den Flug, das Essen, den Aufenthalt und einfach alles frei hatte (diese Kosten hatte der US-Verband übernommen), ich bekam aber kein Gehalt oder Honorar. Trotzdem, fand ich, es war eine riesige Geste – schöne Wochen und ein tolles Abschiedsgeschenk.

Schweden

Bei den Hallenweltmeisterschaften im Spiel Deutschland gegen die Schweiz in Göteborg (WM 1954) war meinem Freund und Gegenspieler Otti Schwarz aufgefallen, daß einige der deutschen Spieler sich vor dem Spiel an einem kleinen Döschen zu schaffen machten und mehrmals einen Finger in eben dieses Döschen steckten. Otti kam zu mir und fragte mich, was es denn in diesem Döschen zu finden gebe. Ich tat ein wenig geheimnisvoll, verriet ihm aber doch, was tatsächlich in der Dose drin sei: Eine Harzpaste, damit man den Ball leichter fangen und werfen könne, wenn man die Finger damit einreibe. Ob er denn, fragte mich Otti, für sich und seine Mitspieler auch etwas von dem Döschen abbekommen könne. „Aber natürlich", erwiderte ich, „doch ihr müßt euch die Finger tüchtig damit bekleckern, sonst taugt der Zauber nichts." Otti nahm das Döschen und beglückte damit sich und seine Mitspieler. Und wie: Beim Anspiel wollte der Ball gar nicht mehr von den Händen der Schweizer Spieler weg – sie hatten sich wohl die Finger zu sehr bekleckert. Wir mußten herzlich lachen, und auch die Schweizer Freunde stimmten ein; sie hatten meinen „Rat" in der Tat allzu wörtlich genommen.

Übrigens, der Trick mit dem Harz wird auch heute noch von vielen Mannschaften angewendet, aber in einer anderen Variante: Die Spieler bestreichen vor dem Spiel die Außenseite ihres Schuhwerks mit Harz, um während des Spiels nicht ständig zum Döschen eilen zu müssen, sondern sich an der eigenen „Harztankstelle" bedienen können.

Auch Ehrungen sind anstrengend

Auszeichnungen und Ehrungen und erst recht lobende Erwähnung in den Medien haben sich in den vielen Jahren meiner sportlichen Tätigkeiten gehäuft, das darf ich ohne jede Übertreibung und Überheblichkeit sagen; natürlich auch Pokale, Urkunden und sogar Geschenke dieser oder jener Art. Viele sind gesammelt, sortiert, aufbewahrt, viele haben sich in mein Gedächtnis eingeprägt, in meinen Erinnerungen buchstäblich eingegraben. Von einigen will ich an dieser Stelle berichten.

„Die Empfänge waren anstrengender als die Spiele" war ein Artikel von Helmut Sohre, einem namhaften Berichterstatter des Sportberichts, überschrieben, den er nach der Weltmeisterschaft 1952 in der Schweiz über das deutsche Nationalteam und mich für den Sportbericht verfaßt hatte. Noch keine andere deutsche Sportmannschaft habe, so schrieb Sohre, nach dem Krieg durch ihr Auftreten und ihr Können so viel für Deutschlands Ansehen im Ausland getan wie unsere Handballer. Von den weißen Harlem Globetrotters des Handballs sprach Sohre. Und: „Die Mannschaft spielte wie aus einem Guß. Einen besonders erwähnen hieße die anderen benachteiligen. Trotzdem muß ich Kempa herausheben, er war die Seele der Elf."

Apropos Sportbericht. Ich war häufig zu Gast in der Sportbericht-Redaktion in Stuttgart. Ich gab in den 50er Jahren auch an der Wirtschaftsoberschule Stuttgart Unterricht, meist einmal in der Woche, und dann führte mich ziemlich regelmäßig mein Weg zum Sportbericht-Redaktion, zu Walter Zarth, dem seinerzeitigen Chefredakteur und seinen Redakteuren. Natürlich machte ich auch nach der Weltmeisterschaft in der Schweiz einen Besuch in der Torstraße. Hans Saile, einer der Redakteure – er wechselte später, nach der Einstellung des Sportberichts, zur Stuttgarter Zeitung – und einer der versiertesten Handballjournalisten, schrieb damals: „Es war wohl einer der schönsten Tage im bis

Kultusminister Dr. Gotthilf Schenkel überreicht Bernhard Kempa
die Ernennungsurkunde.

dato 32jährigen Erdendasein des Göppingers Bernhard Kempa. Voller Stolz zeigte er uns seine soeben von Kultusminister Dr. Schenkel überreichte Ernennungsurkunde zum Handelslehrer unter Berufung ins Beamtenverhältnis auf Lebenszeit. Kempa,

Bernhard Kempa wird von Oberbürgermeister Eberhard mit der Ehrenplakette der Stadt ausgezeichnet.

der sonst nicht viel Aufhebens machte, schon gar nicht um sich selbst, freute sich über die ihm von höchster Stelle des Staates erwiesene Anerkennung seiner sportlichen Leistung wie ein Junge. Sein Traum, einmal die Jugend im sportlichen Geist zu erziehen, war nun von Staats wegen auf Dauer realisiert. Und wer den Menschen Kempa so gut kennt wie wir, der kann Minister Dr. Schenkel zu seiner Wahl nur gratulieren."

Schon zwei Jahre vor dieser Weltmeisterschaft mit all ihren Ehrungen, also 1950, stand ich in Göppingen, das damals rund 35000 Einwohner zählte, im Mittelpunkt einer besonderen Ehrung. Ehrungen auf kommunaler Ebene und nicht allein für sportliche Leistungen waren für mich damals noch neu und darum doppelt einprägsam. Die Stadt Göppingen zeichnete zwei verdiente Bürger mit der Ehrenplakette der Stadt aus. Diese Plakette wurde verliehen für besonders hervorragende Leistungen, wenn der Geehrte außerdem noch durch außergewöhnliches Können und vorbildliche charakterliche Haltung hervorgetreten ist. Einer der beiden, die von Oberbürgermeister Eberhard geehrt wurden, war der Stadtarchivar Karl Kirschmer, der sich in langjähriger mühevoller Arbeit um die Zusammenfassung und Sichtung des geschichtlichen Materials der Stadt Göppingen verdient gemacht hatte. Der andere – das war ich. Auf Bernhard Kempa, sagte der Oberbürgermeister, würden alle Voraussetzungen, die für die Verleihung der Ehrenplakette notwendig seien, zutreffen. Es war eine wunderschöne Feier, und ich glaube, ich war damals, vor jetzt genau 50 Jahren, schon ein bißchen stolz.

Vor 40 Jahren, da war Halbzeit …

19. November 1960 – ein Tag vor 40 Jahren. Halt irgendein Tag, wie viele vor diesem und ebenso viele nach diesem. Und doch war es, vielleicht nur für mich, ein besonderer Tag. Es war der Tag, an dem ich 40 Jahre alt wurde. 40 – ein schönes, rundes Alter. Schwabenalter, sagt man in meiner „neuen" Heimat, im württembergischen Schwaben, dazu. Und da würden die Leute gescheit, heißt es. Bin ich es geworden?

Nun war ich damals, als ich 40 wurde, gerade mal 13 Jahre lang ein Schwabe. Vorher ein Oberschlesier, kurze Zeit dazwischen ein Bayer. Also ein Schwabe mit einem Hauch Bayer und schlesischen Ursprungs. Und meine Frau ist eine Bayerin aus Starnberg und in vielem eine schwäbische Bayerin geblieben. Aber unser Sohn, Bernhard-Michael, der 1962 in Göppingen geboren wurde, gilt endlich als Schwabe. Das färbt natürlich ein bißchen ab. Hat es trotzdem gereicht, gescheit zu werden? Ich weiß nicht, aber ich weiß, das ich manchmal etwas Gescheites getan habe. Zum Beispiel: Ich habe drei Jahre vor meinem 40. Geburtstag dem aktiven Handball Ade gesagt.

Es war kein leichter Entschluß, und ich habe ihn auch nicht auf Anhieb und definitiv in die Tat umgesetzt. Ich war rückfällig geworden, bin noch einmal eingesprungen, als bei dem jungen Team von Frisch Auf Göppingen Not am Mann war. Und wir sind sogar noch einmal Deutscher Meister geworden, mit dem alten Bernhard Kempa, der doch schon Schluß gemacht hatte.

Drei Jahre später schrieb der Sportbericht, jetzt sei der ungekrönte König auf den Handballfeldern, der Bernhard Kempa , der 37jährig abgetreten ist, ein Vierziger. Und das sei eigentlich undenkbar und man möchte es nicht für möglich halten, es sei doch erst gestern gewesen, daß dieser Virtuose der Körperbeherrschung, der Eleganz und Spielübersicht noch die ganze Handballwelt in Erstaunen versetzt habe. Jetzt also ein Vierziger, und

Medaillen, Teller, Preise, Bilder und Pokale …

… ein kleiner Auszug aus einer reichen Ernte.

was wünsche man einem Vierziger? Daß er ein meisterliches Werk noch viele, viele Jahre weiterführen und betreuen möge.

Ein gutes, vielleicht gar ein weites Stück Wegs bin ich noch mitgegangen. Es war noch einmal eine schöne Wegstrecke, nicht nur nach Länge gemessen, auch ein Weg mit vielen schönen Erinnerungen ...

Jetzt bin ich 80. Bin ich jetzt ein doppelt gescheiter Schwabe?

* * *

Vom Handball zum Hobby Tennis

Ich habe nie gesagt: Handball ist mein Leben. Aber ich sage, und meine es auch so: Tennis ist mein Hobby, nicht erst seit Boris Becker oder Steffi Graf. Nein, schon seitdem ich zum ersten Mal mit der Filzkugel in Berührung kam. Ich brauchte nicht den Bum-Bum-Boom, um Freude an diesem Spiel zu finden. Irgendwie war Tennis, ist es auch heute noch, auf mein Spielempfinden zugeschnitten: Ballgefühl, Übersicht, Taktik, Erkennen der gegnerischen Schwächen; Angreifen, kein oder nur wenig Grundlinienspiel. Ich konnte meine Stärken ausnutzen: Vor ans Netz – mein gutes Flugballspiel kam mir da zu Nutzen.
Ich weiß, das Tennis von heute wäre nicht mehr so ganz mein Ding. Da ist Power gefragt, da ist die Grundlinie das Maß aller Dinge. Ich bin darum auch im Doppel oder Mixed eher besser denn als Einzelspieler und als Doppelpartner gerne gesehen. Ich komme aber auch allein zurecht, meine Erfolge bestätigen diese Aussage.

Gewissermaßen nahtlos vollzog sich der Wechsel vom großen zum kleinen Ball. Der große fiel mir nicht leicht aus der Hand; Hand und Herz zittern noch heute mit ihm – und mit Frisch Auf.

Zurück zu meiner ersten Berührung mit der Filzkugel. Das war in Steingaden bei Füssen, damals, als ich an der Bayerischen Sportakademie studierte. Wir hatten dort einen Lehrer, keinen eigentlichen Tennislehrer, nein, einen Lehrer, der Unterricht in diversen Sportarten gab und der gelegentlich, falls es seine Zeit und die der Studenten zuließ, Tennisinteressierte lehrte, wie man die Filzkugel am besten, zumindest aber richtig trifft. Ich war damals 26 Jahre alt, eifriger Handballspieler – ich kickte auch schon mal ein bißchen – und fand plötzlich Spaß daran, wie der kleine weiße Ball über das Netz hin und her flog. Also sagte ich Gerhard Lansche, so hieß der Lehrer, ich hätte Lust, es auch mal zu probieren. Lansche freute sich über den neuen Schüler und schon flogen die ersten Bälle übers Netz. Ich spielte ein bißchen anders als Lansche, aber der meinte, nachdem ich ihm gleich zu Anfang einen Satz abgenommen hatte: „Sie haben Talent, Kempa." Im Stillen gab ich ihm Recht, und Spaß hatte es mir außerdem gemacht. Viel sogar, um ehrlich zu sein. Aber ich hatte nicht so viel Zeit dafür, wie ich es gerne gehabt hätte. Da war ja, wie gesagt, meine große Liebe, das Handballspiel. Und auch andere Dinge nahmen viel Zeit weg, ich mußte lernen, das Studium durfte nicht leiden. Also nicht Tennis hieß die Aufgabe, sondern Schulaufgaben machen. So wurde auch nichts aus Lansches Vorschlag, mal in einen richtigen Tenniskurs einzusteigen. Tennis blieb Hobby. Blieb es auch, als ich in München einen Tageskurs bei Tennislehrer Wackel Richter besuchte, in Technik und richtiges Aufschlagen eingeweiht wurde und von ihm abermals zu hören bekam, daß ich ein großes Talent sei.

Wenn ich von diesem Tageskurs bei Richter in München absehe, habe ich nie eine Trainerstunde genossen. Ich bin gewissermaßen Autodidakt, was man – wie Kenner behaupten – schon auch an meinem Spiel sieht. Aber eigentlich meinten es diese Kritiker immer positiv. „Du hast dir nie deinen Stil klauen lassen, stets so und eben das gespielt, was du am besten kannst." Und ich habe damit hobbymäßig sehr viel Erfolg gehabt – und sehr viel Freude.

Den kleinen Ball legte mir sozusagen unser Sohn Berndi gefühl- und liebevoll auf den Schläger. Und siehe da – auch daraus wurde etwas.

Und auch manch prickelndes Erlebnis, schon ganz zu Beginn meiner „Tenniskarriere", zum Beispiel bei der Handball-Weltmeisterschaft 1952 in der Schweiz. Vor unserem Spiel – es war das erste bei dieser WM – gegen Dänemark in Basel, das um 15 Uhr begann, absolvierten Horst Käsler und ich noch unser Nationalspieler- Tennisfinale. Wie viele Fuß- oder Handballspieler dank ihres Ballgefühls und guten Stellungsspiels mehr als ein Faible für Tennis haben, hatten es auch außer mir im Nationalteam einige andere. Hein Dahlinger etwa, Horst (Hotti) Käsler, auch Walter Schädlich, Hermann Will und Markus Bernhardt. Und – wie gesagt, eben ich. Und so streuten wir in unsere WM-Vorbereitung auch ein internes Tennisturnier ein.

Am Tag vor dem ersten WM-Spiel kamen wir damit bis zum Finale, dieses schafften wir wegen Regens nicht mehr bis zum Erst-Runden-WM-Spieltag. Also einigten wir uns, Hotti und ich, dieses Tennis-Endspiel am ersten WM-Turniertag auszutragen, in aller Frühe. Um 8 Uhr morgens traten Hotti und ich an. Wir hatten alles vor unserem Bundestrainer verheimlichen müssen, Trainer Fritz Fromm – übrigens selbst ein versierter Tennisspieler – hätte uns sonst wohl die Schläger weggenommen. Aber es klappte alles, und es war ein feines Endspiel. Hotti war ein starker Gegner, das weiß ich noch genau. Am Ende aber hieß es Satz und Sieg für Bernhard Kempa. Am Nachmittag hieß es erneut Sieg, diesmal für Deutschland, aber im Handball. Wir hatten, zum WM-Auftakt, den spieltechnisch durchaus beachtlichen Dänen mit 23:10 keine Gewinnchance gelassen. Das kleine Tennismatch hatte weder Hotti noch mir geschadet. Aber es war schon gut, daß wir diese Partie abseits und ohne Wissen des Trainers gespielt hatten. Heute wäre so etwas wohl nicht mehr denkbar und würde wahrscheinlich auch nicht mehr so gut ausgehen. Ja, so ändern sich die Zeiten.

Ja, die Zeiten ändern sich nicht nur, sie vergehen auch wie im Flug. Der Tennisschläger rückte wieder in die Ecke, nicht total versteckt, aber er setzte schon ein wenig Staub an. Die Spiele im Handball-Nationalteam, für Frisch Auf Göppingen, Trainer bei Frisch Auf, viele Lehrgänge, ja, und Lehrer war ich inzwischen ja auch geworden. Ich nahm gerade diese Aufgabe in meinem Leben immer sehr ernst, die Zeit für das Hobby Tennis schmolz und war schließlich so gut wie nicht mehr vorhanden.

Bis 1967. Da fehlte der Seniorenmannschaft des TC Göppingen ein Spieler, um eine komplette Mannschaft für die Rundenspiele zu stellen. Rudi Schwing, der Kapitän der Mannschaft, brauchte nicht lange zu überlegen, wer einspringen könnte. Es war der Kempa Bernhard, der sich wieder seines in der Ecke stehenden Schlägers und seiner Tennisanfänge erinnerte. Ich sagte zu Schwing und den anderen Senioren, also ich könnte, wenn sie wollen. Aber sie lachten alle nur und sagten, der Name Berhard Kempa klinge zwar gut und stünde den TC-Senioren sicher gut zu Gesicht, aber spielen müsse man halt auch können. Ich solle doch erst mal meine Filzballkünste offenbaren, ehe man mich aufstelle. Und so mußte ich gegen den Kapitän zum Testspiel antreten, also gegen Rudi Schwing, der die Nr. 2 im Team war. Ich gewann den

Test, war im Team und wurde Stammspieler. Bernhard Kempas Namen hatte jetzt zumindest beim TC Göppingen nicht nur einen guten Klang als Handballspieler und -trainer, sondern auch als Tennis-Senior, der fast 30 Jahre beim TC Göppingen blieb.

Mein Test gegen Rudi Schwing war ein guter Einstand und wir sahen auch in der Folge gut aus. Unsere Gegner in der Oberliga der Seniorenklasse hießen u.a. TEC Waldau, Weiß-Rot Stuttgart und, und, und. Und wir waren bei weitem nicht das schlechteste Team. Meine Tenniskünste wuchsen, mein Stil änderte sich nicht und auch ich gewann manches Spiel, ich glaube sogar, es waren viele. So wurde ich zu einer nicht ganz wertlosen Nummer im TC-Seniorenteam – schließlich gar Clubmeister der Senioren, ein Titel, den ich insgesamt 9mal gewann.

Dafür hat mich der Club mit der goldenen Ehrennadel des Vereins ausgezeichnet und später nach meinen vielen deutschen und internationalen Erfolgen zum Ehrenmitglied ernannt. Immerhin war ich ja auch als TCG-Starter 10mal Württembergischer Seniorenmeister im Einzel und Doppel bzw. Mixed. Nachdem ich immer mehr Erfahrung in den Senioren-Rundenspielen gesammelt hatte, startete ich auch bei größeren Turnieren.

Nicht nur der TC Göppingen profitierte von mir, auch ich habe dem Club viel zu danken. Ich lernte meine Rückhand verbessern, eignete mir Spielpraxis an, sammelte überhaupt Erfahrung. Ich merkte mehr und mehr, daß ich meine Spielweise eigentlich gar nicht umstellen mußte. Sie war ungewohnt für den Gegner, der oft viel zu spät entdeckte, wo ich verwundbar war: daß zum Beispiel Powerplay, lange Bälle bis zur Grundlinie mir Schwierigkeiten bereiteten, nicht laufmäßig, sondern weil dann meine Returns zu kurz kamen und dem Gegner die Chance gaben, mich zu passieren.

In diesen Jahren, zwar auch vorher schon, aber jetzt gezielter, lernte ich viel durch Zuschauen und auch bei Gesprächen über Tennis. So war ich stets nicht nur aufmerksamer Zuschauer, sondern auch interessierter und lerneifriger Zuhörer. So mehrte sich mein theoretisches Wissen und manches davon vermochte ich in die Praxis umzusetzen. In der Zeit meiner Zugehörigkeit zum TC Göppingen wurde aus mir, dem bloßen Hobby-Tennisspieler Bernhard Kempa, ein gelehriger, schließlich ein geübter Tennisamateur, der sein Talent entwickelte und ein bißchen was daraus machte.

Viele schöne Spiele und große Erfolge feierte ich mit meiner Partnerin Hede Häderle, (auch) eine Göppingerin. Mit ihr zusammen wurde ich mehrmaliger Deutscher Meister im Mixed.

Nach ein paar Jahren wurde aus dem bißchen noch ein bißchen mehr. Ich war jetzt im Tennis zu Hause, ganz klar jedenfalls in meiner Klasse. Und das reizte mich zu mehr. Als ich im Jahr 1975 in einem Seniorenturnier des TC Ameisenberg, das Ex-Boxmeister Fritz Bihler veranstaltete und TCA-Präsident Dr. Rolf Gaber mit seiner Crew, der auch Klaus von Maur – heute ein gewiefter und geachteter Arrangeur musischer Veranstaltungen – angehörte, ausrichtete, recht gut abschnitt, packte mich noch einmal der alte Ehrgeiz: Mitmischen, dranbleiben, kämpfen.

Meine Freude am Tennis wuchs, ich machte prächtige Fortschritte und schon bei den Deutschen Tennismeisterschaften der Senioren 1979 in Bad Neuenahr machte ich auf nationaler Ebene mit. Mit Hede Häderle, die auch beim TC Göppingen spielte, trat ich im Mixed an und mit meinem alten Handballfreund Hein Dahlinger im Herren-Doppel. Wir beiden Ex-Weltmeister im Handball waren damals schon eine gewisse Zugnummer, aber diese Tennis-Titelkämpfe lebten nicht von den ehemaligen Sportassen, sondern von der Begeisterung, die das Tennis ganz allgemein ausstrahlte. 580 Teilnehmer in den verschiedenen Altersklassen waren seinerzeit in Bad Neuenahr angetreten und auf den Plätzen war was los.

Bei den nationalen Hallen-Titelkämpfen in Essen 1979 war ich mit einer völlig neuen Partnerin ins Rennen gegangen. Ich hatte mit Rosemarie Jung aus Wetzlar noch keinen einzigen Ball gespielt, als wir in der Vor- und Zwischenrunde sowie im Halbfinale und drei klaren Siegen ins Endspiel einzogen. Hier freilich kam das Ende. Das eingeübte Paar Scholl (vom TEC Waldau) und Walter Kessler (Lahnstein) schlug uns in drei Sätzen, wobei wir, Jung/Kempa, es immerhin fertig brachten, den hohen Favoriten den einzigen Satz im Turnier abzunehmen.

Jetzt hatte mich Tennis ganz eingeholt. Alter schützt vor Leistung nicht, hielt ich mir mich, selbst aufmunternd,, vor und machte weiter, zumal der Erfolg anstachelte. Hatte ich im Jahr zuvor mit Rosemarie Jung noch das Mixed-Finale gegen

Scholl/Kessler verloren, so behielten wir 1980 bei den 27. Titelkämpfen in Bad Neuenahr im Endspiel die Oberhand. Diesmal allerdings hieß meine Partnerin wieder Hede Häderle. Wir besiegten Scholl/Kessler in drei Sätzen und Hede Häderle setzte diesem Erfolg noch einen drauf – meine Mixed-Partnerin gewann auch das Damen-Doppel mit ihrer Partnerin Lauxmann (Tübingen) und war damit genau so erfolgreich wie ich. Jeder von uns holte zwei Titel bei diesen Meisterschaften. Denn auch ich siegte noch einmal – zusammen mit Wolfgang Kleist vom TC Weiß-Rot Stuttgart, mit dem zusammen ich auch schon Württembergischer Meister geworden war, brachten wir nämlich das Kunststück fertig, die hohen Favoriten Dafeld/Hackenberger zu schlagen und wurden damit Deutscher Meister im Herren-Doppel.

Aber der prall gefüllte Erfolgssack des Jahres 1980 war noch nicht endgültig zugeschnürt. Da war ja noch das Tennisfest in Baden-Baden und die Internationalen Meisterschaften von Europa (outdoor) standen auch noch auf dem Programm. Und an der Lichtertaler Allee im schönen Kurstädtchen an der Oos traf sich alles, was in der Tenniswelt Rang und Namen im „Alters"-Tennis hatte. 340 Aktive aus 20 Nationen waren zu diesem 23. Europa-Turnier erschienen. Nein, nicht nur, um abends an den Roulettetischen Entspannung zu suchen und vielleicht – eher gewiß – mit geringem Einsatz ein paar Mark zu verlieren, sondern vor allem, um mit hohem Einsatz im Spiel mit dem Filzball zu gewinnen.

Auch Hede Häderle und ich wollten miteinander antreten und waren gewillt, unser Bestes zu geben. Dann aber stellten wir schnell fest, was diesmal in Baden-Baden auf uns zukommen würde. Das australische Ehepaar Rae, beide Weltklassespieler, besiegten ihre Gegner in der 1. Runde zwar nur in drei Sätzen, aber doch relativ sicher. Und diese Gegner hießen immerhin Scholl/Kessler – mit die Besten, die die Klasse II im Mixed zu bieten hatte. Ein Glück, wir kamen – wenn wir so weit kommen sollten – erst im Finale gegen die Raes. Wir kamen so weit. Hede und ich erwischten einen Glanztag – nach 6:3 und 7:5 hießen die

Bei den Europameisterschaften in Baden-Baden. Hede Häderle und ich holten uns den Titel. Links im Bild unsere starken australischen Gegner, das Ehepaar Rae.

Gewinner der Internationalen Europameisterschaften 1980 im Mixed Häderle/Kempa. Jetzt stand für uns der Tennishimmel weit offen. Prominentester Gratulant war damals der ehemalige Bundespräsident Walter Scheel, und manche Zeitung überschlug sich mit ihrer Headline: „Handball-Weltmeister Bernhard Kempa jetzt auch ein Tennis-As".

Noch einen weiteren schönen Tag hatte dieses Jahr 1980 für mich parat. Am 18. November, einem Dienstag, wurde ich in der Hohenstaufenhalle in Göppingen geehrt. Vor dem Spiel FA gegen TuS Nettelstedt zeichneten mich Frisch Auf und die Stadt Göppingen aus. Der Anlaß: Tags darauf feierte ich meinen 60. Geburtstag. In manch erinnerungswürdiger Rede und vielen Dankesworten rollte vor meinen Augen noch einmal meine Göppinger Handballzeit wie ein interessanter Film ab. 33 Jahre waren vergangen, wunderschöne Jahre, alles in allem. Sportlich vor allem, aber auch Jahre, die ich aus vielen anderen Gründen nicht

Prominentester Gratulant bei den Europameisterschaften in Baden-Baden 1980 war der damalige Bundespräsident Walter Scheel; links Clubpräsident Rémy.

missen möchte. Was hatte ich alles erlebt, mit wie vielen Menschen war ich zusammen gekommen, wie viele hatten mich Wertvolles gelehrt, mir auf meinen Weg mitgegeben. Und sicher hat auch der eine oder andere von mir etwas abgucken können, von mir etwas profitiert. Geben und Nehmen, ist das nicht der Sinn des Lebens, oder zumindest ein Teil davon?

Ehe ich nun das Kapitel Seefeld aufschlage, das erneut ein sehr erfolgreiches Sportkapitel ist, muß ich meinen geneigten Lesern – auch weil ich oft danach gefragt worden bin – sagen, warum ich bei Turnieren bislang immer nur in Mixed oder Doppel gespielt habe und nie im Einzel angetreten bin. Es hat einen ganz einfachen Grund. Ich bin ja von Beruf (Sport-)Lehrer. Die Einzelkonkurrenzen bei Turnieren beginnen aber in der Regel Anfang der Woche, d.h. zu einer Zeit, in der ich noch in der Schule war. Die Doppelwettbewerbe begannen Donnerstag mittags oder auch erst am Freitag. Da war es für mich leichter, denn meistens hatte ich in der 1. Runde Freilos. Selbst dabei kam es ein paarmal vor, daß mich mein Doppelpartner, Rudi Schwing, mit dem ich in Umag (Jugoslawien) dritter Weltmeister und auch einmal Deutscher Meister wurde, mit dem Auto abholen mußte, und zwar direkt von der Schule weg.

Dann war der 5. Erdteil an der Reihe

Mit Datum vom 28.2.1990 erhielt ich Post von Heinz Funhoff, dem Referenten für Seniorentennis im Deutschen Tennis-Bund. Der DTB hatte mich auch für den Britannia-Cup 1990 nominiert, der diesmal wieder in Bournemouth ausgetragen wurde und zwar vom 20. bis 26. Mai. Vorher aber ging es um die „Württembergische“, dahin war die Reise nicht so weit. Der Bongertwasen beim TC Metzingen auf der Alb war Austragungsort. Er brachte in der Seniorenklasse AK I (45+) fast erwartungsgemäß den Sieg des ehemaligen TEC-Waldau-Bundesligaspielers Bodo Nitsche, der im Finale mit dem Ungarn Peter Peczely keine Mühe hatte und 6:0, 6:2 siegte. Genau das gleiche Resultat schaffte ich im Endspiel der AK III (60+). Mein Gegner Wolfgang Kleist vom TC Weiß-Rot Stuttgart und ich kannten uns ja gut, wir haben schon viele Doppel zusammen gespielt und gewonnen, aber jetzt im Einzel behielt ich glatt die Oberhand, und gewann wie Nitsche mit 6:0 und 6:2. Nach Metzingen war wieder Bad Neuenahr an der Reihe. Es waren heiße Tage bei der „Deutschen“, wettermäßig und leistungsmäßig. „Was hier gespielt wird, ist kein Kaffeetennis“, wurde ich in einer Zeitung zitiert und in der Tat waren nicht nur die quantitativen Zahlen beeindruckend. Über 800 Teilnehmer ermittelten in mehr als 1300 Matches ihre Sieger. Auch das Niveau dieser Titelkämpfe war enorm. Zu den reinen Zahlen: Über 50 Prozent der Vereinsmitglieder im Deutschen Tennis-Bund waren 1990 Senioren/Innen und nahmen aktiv am Spielgeschehen teil. Und zur Qualität: Sie war Spitze – nicht nur in unserer Altersklasse, und wenn ich „unserer“ sage, meine ich damit auch meinen alten Spezi aus Göppinger Tagen, Rudi Schwing, der mit mir fürs Doppel gemeldet hatte. Um es kurz zu machen, wir holten uns nach schweren Rundenspielen den Finalsieg mit 6:0, 3:6 und 6:4 gegen Reich und Wertheimer, wobei es zum dritten Satz ein paar Wörtchen zu sagen gibt. Wir lagen nämlich schon 2:4 und 15:40 zurück, „aber wir haben dann das Match noch aus dem Feuer gerissen", diktierte Rudolf Schwing nach dem Spiel in die Notizblöcke der Journalisten. Und auch das wußte Rudi: „Wir hatten fünf Jahre nicht mehr zusammen gespielt, der Bernhard und ich. Aber wir hatten gemeinsame Erfahrungen aus 17 Jahren gemeinsamer Oberligazeit und einem Jahr Regionalliga." Es war sozusagen unser letztes Meisterschaftsspiel Seite an Seite, denn ich feierte in diesem Jahr 1990 meinen 70. Geburtstag und rückte eine Altersklasse nach oben.

Aber vor dem Geburtstag angelte ich mir noch einen weiteren Erfolg, ebenfalls in Bad Neuenahr. Zusammen mit der Stuttgarterin Maximiliane Marczewski gewann ich auch den Titel im Mixed. Für diese beiden Titel und die zwei dritten Plätze bei den Europameisterschaften wurde ich in Bad Boll anläßlich der Sportlerehrung durch Bürgermeister Klaus Pavel mit vielen anderen erfolgreichen Boller Sportlern ausgezeichnet. Und noch eine besondere Auszeichnung wurde mir in diesem Jahr zuteil: Der TC Göppingen verlieh mir am 30. Oktober im Rahmen einer kleinen Feier die zuvor von ihm noch nie vergebene Goldene Ehrennadel mit Brillant. Jetzt war ich an meinem 70. Geburtstag gar brillantengeschmückt.

Die Brillantnadel paßte zum Glanz meines Geburtstags, der in der Tat ein schöner Festtag war. Die Gratulanten erinnerten an meine Erfolge im Handball, zählten die Titel des „Monsieur Handball" auf, 2 Weltmeisterschaften, 31 Länderspiele, vergaßen nicht die Anzahl der Tore, nicht den Europacup mit Frisch Auf 1960, nicht, daß ich in 14 Ländern als Trainer gearbeitet habe und schwenkten dann auf meine Titel im Tennis über – 1 Weltmeisterschaft im Doppel und 1 Mannschaftsweltmeistertitel im Nationencup, 12 Europa- und 25 Deutsche Meistertitel (bis zu meinem Geburtstag 1990), lobten meine Fairneß – nicht ein einziges Mal vom Platz gestellt – und viele wollten nach den Reden wissen, wie ich das alles angestellt hätte. Ob sie mit meiner

Erklärung zufrieden waren, weiß ich nicht. Aber für mich ist es (fast) die einzige Erklärung: Im Handball wie im Tennis mit wenig Kaftaufwand möglichst viel erreichen.

Eigentlich war dieser Geburtstag ein schöner Abschluß des Jahres 1990. Der DTB setzte aber noch ein Tüpfelchen drauf. 24 Stunden nach dem Nikolaustag ließ er mich wissen, daß ich fest in die Aufstellung für den Crawford-Cup 1991 eingeplant sei. Und daß ich mich auch für die Weltmeisterschaften vom 14. bis 17. April desselben Jahres in Perth rüsten sollte. Nicht nur der sportliche Aspekt reizte mich, Canberra und Perth – das war Australien! Auf dem fünften Erdteil war ich noch nicht gewesen, jetzt also durfte ich noch, ein bißchen wenigstens, Australien kennen lernen – das Land, in dem in diesem Jahr 2000 die Olmpischen Sommerspiele stattfinden.

Nach einem 24-stündigen Flug in Australien angekommen, war unser erstes Ziel Canberra, zum Crawford Cup. Unsere Mannschaft hieß Kessler (Lahnstein), Moritz (Freudenstadt) und Kempa. Im ersten Spiel gegen Frankreich gewann ich mein Einzel gegen Becker 6:1, 6:0, also ein Punkt für uns. Das zweite Einzel ging verloren – Ausgleich (1:1). Somit mußte das Doppel entscheiden. Kessler und ich erkämpften mit 6:3, 6:3 den wichtigen Punkt. Nun hieß unser zweiter Gegner Australien, der Gastgeber. Bob Hay, mein Gegner, machte mir einige Schwierigkeiten, aber ich schaffte mit 2:6, 6:4, 6:3 den Sieg. Moritz holte mit 6:1 und 7:5 den zweiten Siegpunkt und nachdem wir auch das Doppel mit 6:2, 6:2 gewonnen hatten, standen wir im Finale gegen den haushohen Favoriten USA. Die USA waren zehnmal in Folge Weltmeister, also waren unsere Chancen minimal und wir spielten unbeschwert auf. Moritz unterlag in seinem Einzel, ich aber errang in einem heiß umkämpften Match nach zweimal Tiebreak (7:6,7:6) gegen McGrath, die Nummer 1 der USA., den wichtigen Punkt zum 1:1. Das Doppel würde also entweder die Amerikaner oder uns zum Weltmeister machen. Kessler und ich sahen die Chance für Deutschland und wir riskierten alles. Und unglaublich für alle ließen wir das weltbeste Seniorendoppel Miller/Hough einfach nicht ins Spiel kommen und gewannen 6:2, 6:4. Die Sensation war perfekt, Deutschlands Tennis-Senioren waren Weltmeister.

Zur Einzel- und Doppel-Weltmeisterschaft reisten wir dann nach Perth weiter. Dort spielten wir auf echtem Rasen. Die ersten beiden Runden in dem 64er-Feld gewann ich 6:0 und 6:0 bzw. 6:0 und 6:2. Im Viertelfinale, bei Regen und starkem Wind, konnte ich dann aber nicht mehr gewinnen. Bob Hay gelang die Revanche für seine Niederlage im Crawford Cup; ich mußte das Match mit 6:4, 2:6, 3:6 abgeben und wurde so „nur" Fünfter. Ich tröstete mich damit, daß auch alle anderen deutschen Spieler ihre Matches bei diesem Regenwetter verloren hatten. Dafür ging es im Doppel besser: Walter Kessler und ich spielten uns bis ins Endspiel, wo wir erneut auf die amerikanische Paarung Miller/Hough trafen. Auch ihnen gelang die Revanche für die Niederlage im Kampf um den Mannschaftstitel im Cup, aber Kessler und ich waren auch als Vize-Weltmeister glücklich und zufrieden.

Raffiniert am Netz

Vom Doppel und Mixed zum Einzel

Es ist noch gar nicht so lange her, daß ich mich in internationalen Wettkämpfen an das Herren-Einzel traute. Weil ich nun ein paarmal gar nicht schlecht ausgesehen hatte und auch schon den einen oder anderen Titel gewonnen und international einen achtbaren Platz belegt habe, meldete ich für die 15. Internationalen Europameisterschaften für Senioren in Seefeld Anfang 1991 auch für das Einzel. Und mit Erfolg. Auf dem Weg ins Finale schlug ich den Finnen Forstenberg, meinen Landsmann Richter, den Schweden Johansson, einen früheren Daviscupspieler, und gewann auch das Endspiel gegen den Amerikaner Fritz Klein, einen mehrfachen Weltmeister, mit 6:2 und 6:1 und wurde zum erstenmal Europameister im Einzel.

Vom internationalen Parkett zurück auf die lokale Ebene. Beim 5. Gmünder Senioren-Cup ging es heiß und dramatisch her. Mein Partner war Edmund Bagin vom TV Gmünd, wir starteten in der AK II und zogen ins Endspiel gegen Exner/Mayer vom TV Holzheim ein. Das 6:1 im ersten Satz spiegelte nicht das wahre Kräfteverhältnis wider, was das 6:8 im Tiebreak des zweiten Satzes bewies. Der entscheidende dritte Satz war ein Nervenspiel mit insgesamt 10 Matchbällen, wobei Exner/Mayer zweimal den Sieg vor Augen hatten, wir jedoch bei unserem achten Matchball nach zweieinhalb Stunden erfolgreich waren. Die Gmünder Tagespost schrieb damals, daß dieses Finale das spannendste Spiel in der fünfjährigen Geschichte des Cups gewesen sei.

Bei den Europameisterschaften in Pörtschach 1991 stand wieder Walter Kessler an meiner Seite und wir holten uns den Titel, verteidigten also unseren Vorjahrestitel mit Erfolg. Ich wurde außerdem Dritter im Einzel. Die tolle Erfolgsserie hielt das ganze Jahr über an: Meister bei den Internationalen Deutschen in Bad Wiessee im Einzel und Doppel (Kessler), Turniersieger in Bad Breisig (Finale gegen Henley) im Einzel und Mixed (Rosemarie

Volle Konzentration

Jung), außerdem Deutscher Meister in Bad Neuenahr im Doppel, Dritter im Einzel.

Fleißige Rechner fanden heraus, daß ich in diesem Jahr (1991) meinen 30. Meistertitel errungen hatte. Ich führe zwar halbwegs Buch über meine Reisen und Spiele, aber so genau weiß ich's

Tricks mit Köpfchen

nicht. Genau weiß ich, daß ich 1991 anläßlich eines Bürgerempfangs mit Ministerpräsident Erwin Teufel in der Göppinger Stadthalle mit der Medaille des Landkreises ausgezeichnet wurde; Landrat Franz Weber überreichte sie mir. Bei der Hauptversammlung des Württembergischen Tennis-Bundes schließlich in Leinfelden-Echterdingen verlieh mir WTB-Präsident Dr. Heinz Latendorf die Silberne Ehrennadel des WTB.

Auch eine andere Auszeichnung habe ich Schwarz auf Weiß. In der Fred-Perry-Senioren-Weltrangliste 1992 stehe ich in der Klasse 70+ mit dem Amerikaner Tom Brown an erster Stelle. Das hat mich schon sehr gefreut und als mich bei der Ehrung für die 280 besten Sportler des Landes Baden-Württemberg im Neuen Schloß in Stuttgart ein Journalist der Stuttgarter Nachrichten fragte, wie lange ich denn noch das Racket schwingen wolle, sagte ich ihm lachend: „Na, so lange alle Glieder in Ordnung sind."

Mitte März 1992 wurde ich wieder vom DTB für den Crawford-Cup nominiert, der diesmal in Le Touquet (Frankreich) stattfand. Im ersten Spiel gegen Schweden steuerte ich im Einzel durch einen Sieg über Larsson einen Punkt bei und mit Kessler einen weiteren im Doppel. Das Spiel endete 2:1 für uns. In der Mannschaft spielten Gantzer, Roßkopf, Kessler, Kempa.

Im Spiel gegen Frankreich gewann ich das Einzel gegen Ribbeau und mit Kessler das Doppel. In diesem Doppel gegen Huszar/Peliezza, das wir in drei langen Sätzen mit 7:6, 4:6, 7:6 gewannen, zog ich mir leider eine schmerzhafte Fersenverletzung zu, so daß ich im dritten Spiel gegen die USA, das 0:3 verloren ging, nicht mehr einsatzfähig war. So mußten die beiden Einzel und das Doppel von Gantzer und Roßkopf bestritten werden. Trotzdem wurden wir hinter den USA Vizeweltmeister.

Obwohl ich anschließend vier Wochen nicht spielen konnte, riskierte ich im Juni erneut die Teilnahme bei den Internationalen Europameisterschaften in Pörtschach, auch im Einzel. Bis ins Viertelfinale vorgestoßen, kam dann doch das Aus gegen den Schweden Johansson in drei Sätzen im Tiebreak mit 6:1, 4:6, 6:7.

Im Doppel mit Walter Kessler freilich war uns abermals keine gegnerische Paarung gewachsen, auch im Endspiel nicht. Johansson/Kizling verloren 1:6, 1:6. Das war mein 21. Europatitel. Im Juli 1992 nahm ich an den Deutschen Meisterschaften in Bad Neuenahr teil und zwar im Doppel und Mixed. Wieder mit Kessler gewann ich das Endspiel gegen Gantzer/Wendschoff 6:3 und 7:5. Mit Rosemarie Jung (Wetzlar) setzten wir uns bis ins Endspiel durch und gewannen gegen Kessler/Deinhard 6:0. 6:0. Der Abschluß der Saison 1992 waren die Internationalen Deutschen Meisterschaften in Bad Wiessee. Im Einzel gewann ich das Finale gegen Mayer (Garmisch-Partenkirchen) mit 3:6, 6:2, 6:0. Mein Doppelpartner war diesmal Dr. Biller aus Teublitz, mit dem ich im Endspiel gegen Wertheimer/Leighton mit 6:2, 6:3 gewann.

Das Jahr 1993 begann wie üblich mit der EM in Seefeld und meine Stationen im Einzel in einem 64er Feld waren gegen Herbert Götz 6:0. 6:0, gegen Olaf Nordvik 7:5, 6:1, gegen Eugen Feißt 2:6, 6:2, 6:2, gegen Ernst Noack 7:6, 4:0 (w.o.). Das Endspiel, das ich gegen Andreas Stolpa 4:6, 2:6 verlor, brachte mir zwar nur den Vizetitel ein, dafür holte ich mir diesmal zusammen mit Dr. Biller gegen Richter/Häfner einen weiteren Europatitel im Doppel.

Einer der Höhepunkte 1993 waren zweifellos die Senioren-Weltmeisterschaften in Barcelona, die auf den Plätzen des Polo Club Barcelona ausgetragen wurden, wo ich im Einzel im Halbfinale gegen Verrati und im Doppel mit Verrati gegen Buschmann/Martin aus USA jeweils Dritter wurde.

Der Crawford-Cup wurde anschließend auf Menorca, der zauberhaften kleineren Insel gegenüber von Mallorca, ausgespielt. In der deutschen Mannschaft spielten dieses Mal Gantzer, Dr.Roßkopf, Noack und Kempa. Von 14 teilnehmenden Nationen aus USA, Brasilien, Australien, Argentinien, Kanada, England, Spanien, Norwegen, Finnland, Österreich erreichten wir einen beachtlichen 4. Platz. In der 1. Runde hatten wir ein Freilos, die 2. Runde gegen Spanien ging mit einem 2:1 an uns. Roßkopf und ich gewannen die Einzelspiele, das Doppel Roßkopf/Gantzer ging verloren. In Runde 3 gegen Schweden konnte ich nicht mehr eingesetzt werden, da ich mich im Einzel im Spanienspiel ganz zum Schluß verletzt hatte. Im vierten Spiel gegen Frankreich versuchte ich unsere Mannschaft doch noch zu unterstützen, leider vergeblich, da sich die Verletzung zu stark auswirkte und ich frühzeitig im Einzel aufgeben mußte. Frankreich gewann 3:0 und kam ins Endspiel, verlor dies dann 0:3 gegen die USA.

Eine Einladung zu einem internationalen Turnier in Buenos Aires wurde für mich zu einer Traumreise. Der Club Nautico San Isidro lädt jedes Jahr Weltranglistenspieler und die Nr. 1 und 2 der jeweiligen Altersklassen ihrer Länder zu einem internationalen Turnier ein, das hieß, der Club übernahm für die Eingeladenen Flug und Aufenthaltskosten.

Es gab sehr temperamentvolle Spiele, besonders mit den südamerikanischen Spielern. Tom Brown aus USA, ein ehemaliger Wimbledonsieger, und ich – wir waren gemeinsam in diesem Jahr

Turnier in Buenos Aires: Auf dem River mit dem Präsidenten des gastgebenden Clubs, Carlos Urien.

in der Weltrangliste die Nr. 1 – bestritten das Endspiel, das wegen Regen in die Halle verlegt worden war. Tom gewann mit 6:0 und 7:5. Im Doppel habe ich mit Brown das argentinische Meisterpaar Barbossa/Urien in einem sehr spannenden Spiel mit 6:4, 6:4 geschlagen.

Neben dem Spielbetrieb blieb zum Teil sogar noch Zeit, Land und Leute näher kennen zu lernen, Golf zu spielen, zu segeln und Schiffsausflüge zu machen, einer privaten Einladung des Club-

Sie haben es wieder mal geschafft: Deutscher Meister 1990 in Bad Neuenahr wurden Bernhard Kempa und Rudi Schwing.

präsidenten Carlos Urien nachzukommen und an kleinen Treffs mit eingewanderten deutschen Landsleuten teilzunehmen.

Bei den Internationalen Europameisterschaften in Pörtschach belegte ich im Einzel einen dritten Platz. Im Doppel mit Walter Kessler konnte es diesmal nicht klappen, weil mein Partner in zwei verschiedenen Altersklassen hintereinander je ein Doppel spielte und sich dabei körperlich übernahm. So schieden wir bereits in der 1. Runde aus.

Im Juli standen wieder die Deutschen Meisterschaften in Bad Neuenahr an. Bis zum Halbfinale hatte ich im Einzel keine Mühe. Aber im Spiel um den Einzug ins Finale ging es ums Eingemachte. Helmut Gantzer, Tennislehrer und mehrfacher Deutscher Meister in der Halle und Cupspieler, verlangte mir alles ab. Aber mit zweimal 7:5 behielt ich die Oberhand. Das Endspiel gegen Ernst Noack aus Altötting, in diesem Jahr Zweiter der deutschen Rangliste, gewann ich den 1. Satz klar mit 6:3, dann trumpfte Noack auf und sicherte sich den 2. Satz mit 6:1. Jetzt ging es um den 3. und entscheidenden Satz und da war höchste Konzentration geboten. Es lohnte sich – mit 6:1 ging das Spiel und damit die Meisterschaft an mich.

Rudi Schwing und ich hatten uns vorgenommen, an unsere 1990 gewonnene Meisterschaft anzuknüpfen. Der Weg war nicht ganz leicht. Im Halbfinale gegen Noack/Feißt mußten wir trotz einer 5:2-Führung im ersten Satz diesen noch mit 5:7 abgeben, im zweiten lief es aber dann besser und es hieß 6:3 für uns. Der 3. Satz also mußte entscheiden, es lief äußerst wechselvoll und ging knapp her. Matchball hier, Matchball dort bis zum Tiebreak, den wir mit etwas Glück gewannen, also 7:6 am Ende für uns. Auf ging's ins Finale. Würde das Vereinsdoppel aus Göppingen, Kempa/Schwing, die Spitzenspieler Kessler/Dr.Biller schlagen können? Der Centercourt war voll besetzt. Der 1. Satz verlief recht wechselvoll, aber er gehörte zuletzt mit 6:4 uns. Im 2. Satz ging der Gegner mit 6:5 in Führung, dann verlor Dr. Biller seinen Aufschlag – 6:6, wieder ein Tiebreak. In diesem führten wir sicher mit

6:3 und nach dem 6:4 glückte mir der Siegpunkt zum 7:4 – wir waren richtig glücklich über diesen Erfolg.

Im August ging es wieder um die Internationalen Deutschen Meisterschaften in Bad Wiessee. Über 450 Teilnehmern, darunter viele Welt-, Europa- und Deutsche Meister aus den USA, Australien, Europa sowie die deutsche Spitzenklasse hatten gemeldet. Im Einzel schlug ich in der 1. Runde Milewski 6:1, 6:0, in der 2. Runde Stachowitsch 6:3, 6:1 und im Halbfinale gewann ich bei brütender Hitze gegen Ernst Noack, der bei allen Senioren wegen seines Laufvermögens und seiner Ausdauer gefürchtet war, 7:5 und 6:3, zog mir dann aber eine Zerrung im linken Unterschenkel zu. Ich trat trotzdem zum Finale gegen Verrati an. Doch die Verletzung erwies sich als schlimmer als ich gedacht hatte. Nachdem ich im 1. Satz 5:1 geführt hatte, verlor ich noch 6:7 und gab dann im 2. Satz beim Stand von 1:2 auf. Es ging einfach nicht mehr – immerhin Deutscher Vizemeister.

Durch ein Freilos im Doppel hatte ich ein bißchen Zeit, meine Verletzung in den Griff zu bekommen. Wir gewannen die 2. Runde mit Mühe gegen Zelt/Milewski 6:4, 6:3, nahmen auch die Hürde im Halbfinale gegen Häfner/Richter mit 6:1, 6:4 und standen damit im Finale gegen Dr. Biller/Stachowitsch. Der Centercourt war bei diesem Match vollbesetzt und die Zuschauer kamen auf ihre Kosten. Im 1. Satz agierten wir fast fehlerlos und gewannen 6:1. Auch im 2. Satz stand es bereits 5:1.

Jetzt aber fighteten die Gegner und kamen über das 6:6 in den Tiebreak, den sie gewannen und somit nach Sätzen ausgleichen konnten. Nach zwei Stunden Spielzeit bei brütender Hitze ging es in den entscheidenden 3. Satz, in dem ich beim Stand von1:2 stürzte, aber trotz Schmerzen weiter spielte. Nach dem 1:3 holten wir auf 5:4 auf und lagen bei Aufschlag Stachowitsch 0:40 vorne: drei Matchbälle für uns. Aber wir konnten sie nicht verwerten. Es folgte das 5:6 und jetzt hatte der Gegner zwei Matchbälle. Wir wehrten diese ab, erzwangen das 6:6 und damit gab es erneut Tiebreak. Trotz Dr. Billers Parole „Jetzt packen wir sie“ behielten

wir die Nerven, es ging stets äußerst knapp her, aber nach 2 Stunden und 45 Minuten siegten Rudi und ich 7:5 und wurden Internationaler Deutscher Meister. Die vielen Zuschauer feierten uns und es gab riesigen Applaus. Wir feierten den schwer erkämpften Sieg entsprechend.
Zum Ausklang des Tennisjahres 1993 gab es noch drei Turniere: In Schrammberg im Schwarzwald, Anfang September das „Festi-

Internationale Deutsche Meisterschaft in Bad Wiessee 1993. Von links nach rechts: Dr. Biller, Kempa, Stachowitsch, Schwing

val der guten Taten“ vom ZDF, organisiert von meinem Freund Horst Rippert, und in Villajoysa/Alicante fand im Oktober ein Internationales Turnier statt. Das waren für mich und meine Frau Marianne wundervolle Ferien und für mich Tennis ohne Zwang, siegen zu müssen. Ich gewann das Einzel, das Doppel und das Mixed. Im November kam ich einer Einladung zu einem Turnier in Marbella nach. Es war für uns wie im Paradies, Tennis war eine angenehme Beigabe und das Tüpfelchen auf dem i ein Sieg im Einzel.

Im Januar 1994 war es wieder so weit: Seefeld in Tirol und die Internationalen Europameisterschaften. Es gelang mir im Einzel gegen Dr. Walter Spieß, damals Präsident des Österreichischen Tennisverbandes, das erste Spiel zu gewinnen. In der 2. Runde gegen Laszlo Lennart, die Nr. 1 von Ungarn, ging es schon knapper zu: 7:6 und 6:2. Das bedeutete für mich den Einzug ins Halbfinale. Jetzt hatte ich es wieder einmal mit Ernst Noack zu tun. Die ersten beiden Sätze waren mit 6:4 und 5:7 (trotz 5:4-Führung) ausgeglichen. Aber der dritte Satz hatte es wieder mal in sich. Der gute Ernst kämpfte verbissen und schaffte eine 5:3-Führung. Mit äußerster Energie und Konzentration gelang mir die Aufholjagd zum 6:6 und der Tiebreak endete mit 7:2 für mich. Dieses Halbfinale von drei Stunden Dauer kostete mich sehr viel Kraft.

Im Finale konnte ich für alle überraschend gegen den amtierenden Weltmeister Ossi Jirkowsky mit 5:1 in Führung gehen. Bei 30:30 unterlief mir ein Doppelfehler und von da an dominierte der Österreicher. Die dreistündige Auseinandersetzung vom Vortag hatte ich noch nicht verdaut, so daß ich dann deutlich mit 5:7, 0:6 unterlag, was mich aber nicht daran hinderte, mich über den Vizemeistertitel zu freuen. Im Doppel mit Verrati unterlagen wir knapp gegen den Weltmeister Jirkowksy/Karlhofer in drei Sätzen mit 5:7, 6:4, 6:7. Ein glücklicher Sieg für die Österreicher, für uns ein ehrenvoller 2. Platz.

Nach den vielen Turnieren hatte ich das Gefühl, daß mir eine Verschnaufpause gut tun würde. Montegrotto/Abano in Italien, mit Fango, Massagen und Thermalbädern, Sauna und Dampfbädern, Spaziergängen in die Umgebung und auch ein kleines bißchen Tennis, das war unser Urlaubsziel und waren unsere Urlaubsabsichten.

Danach ging ich gestärkt auf die Reise nach Brasilien und Argentinien zu Internationalen Einladungsturnieren. In Porto Alegre mußte ich zunächst gegen Ricardo San Romano aus Chile ran, keine Gefahr: 6:1, 6:0. Dann hießen meine Gegner Grassi und

Barachini (6:1, 6:2 bzw. 6:2, 6:2), beide Brasilianer, und im Endspiel stand ich gegen den Österreicher Stachowitsch. Ich siegte wieder einmal gegen ihn und zwar 6:2, 6:3. Zusammen mit meinem Einzelgegner Romano blieben wir auch im Doppel gegen Barachini/Stachowitsch siegreich, wir gewannen das Endspiel 6:0, 6:2.

Das war ein toller Start dieser südamerikanischen Reise. Anschließend ging es nach Buenos Aires. Im Einzel erreichte ich nach zwei gewonnenen Matches das Endspiel gegen Ibanez aus Venezuela, das ich aber in drei Sätzen mit 1:6, 6:3 und 4:6 verlor. Neu für mich war seine Art, aufzuschlagen. Seine Bälle hatten einen solchen Drive, daß sie wieder in sein Feld zurücksprangen (was jedes Mal 1 Punkt für ihn bedeutete!). Im Doppel mit Stachowitsch belegten wir Platz 3.

Kaum zurück aus Südamerika schloß sich im Mai der Crawford-Cup in Oakland/Berkely (USA) an. Wir – Noack, Faißt und ich – schlugen Kanada 3:0, unterlagen Frankreich 1:2, wobei ich aber meinen Bezwinger von den Weltmeisterschaften in Barcelona, Sergio Verrati, in drei Sätzen mit 5:7, 6:3, 6:4 besiegen konnte. Im dritten Spiel gegen die USA führten wir durch meinen Sieg gegen Archer 1:0, das Match endete mit 7:6, 7:6, hätte also nicht knapper ausgehen können. Trotzdem siegten die USA am Ende mit 2:1 und wie gewohnt gewannen die USA auch das Turnier. Unsere Mannschaft belegte den 4. Platz.

Nach den Cupspielen wurden in Los Gatos die Weltmeisterschaften ausgetragen. Im Einzel mußte ich gegen Martin/USA im Achtelfinale beim Stand von 4:6, 1:0 wegen einer Muskelverletzung leider aufgeben. Im Doppel mit Verrati kamen wir bis ins Halbfinale, verloren dann gegen Kerr/Moranda (USA) in drei Sätzen und holten und den 3. Platz.

Zurück in Europa und nach einer entsprechenden Pause fanden im Juni wieder die Internationalen Europameisterschaften in Pörtschach statt. Ich spürte, daß die großen strapaziösen Reisen mit ihren Turnieren bei mir Spuren hinterlassen hatten. So reichte es im Einzel nur zum dritten Platz, im Doppel mit dem Schweden Dr. Borglund gegen Jirkovsky/Karlhofer wurden wir im Endspiel durch ein 2:6, 5:7 Vizemeister.

Zum Glück fand im August ein Doppel-Turnier der besonderen Art in Tamm bei Ludwigsburg statt. Es ist dies das Picasso-Turnier, das der Gründer des Privileg Clubs, Klaus v. Maur, seit Jahren mit schönem Erfolg arrangiert und mit Hilfe des Vorstands und vieler Mitglieder des TC Tamm zu einem großen Tennisfest macht. Das Turnier, das unter dem Titel „Die Welt der Kunst gegen den Rest der Welt" gespielt wird, sieht immer viel württembergische Prominenz am Start: Politiker, Künstler, Leute von der Presse und der Wirtschaft und auch ehemalige bekannte Sportler nehmen an diesem Doppelturnier teil. Endlich ein Turnier zum Erholen.

Beim Picassoturnier in Tamm: Bernhard Kempa und Klaus v. Maur, der Organisator des Turniers.

Die Ära Seefeld – eine tolle Bilanz

Die Europameisterschaften der Senioren (Halle) in Seefeld sind international ausgeschrieben und zählten diesmal zugleich auch als Welttitelkämpfe. Seefeld, auf dem Hochplateau zwischen Karwendel- und Wettersteingebirge gelegen, lieblich in dicken Schnee eingebettet, von der Sonne aus einem blauen Himmel beschienen, präsentierte sich auch in diesem Jahr 1981 als ein wahres Winter(sport)märchen. So reiste ich 1981 zum Turnier in Seefeld nicht nur mit dem Tennisschläger an, ich hatte auch die Langlaufskier mitgenommen, um in den Tennispausen frische Luft zu schnappen und mich an die Höhenluft zu gewöhnen. Ich trat im Herren-Doppel mit meinem Stuttgarter Partner Kleist an

Wenn Umstände und Zeit es erlaubten, liefen Marianne, die staatl. gepr. Skilehrerin und noch heute eine gute Skiläuferin ist, und ich in den Tennispausen zwischen den Spieltagen in Seefeld gerne ein wenig Ski.

und wir gelangten bis ins Endspiel, mußten uns dann aber gegen Kessler/Helmrich mit einem achtbaren zweiten Platz begnügen.Nach Seefeld standen in den nächsten Monaten noch zwei größere Turniere auf dem Programm.
Herausheben möchte ich das Tennisturnier für „Olympier“, das aus Anlaß des 11. Olympischen Kongresses in Baden-Baden stattfand. Der Tennis-Club Rot-Weiß Baden-Baden hatte dieses Turnier angeregt und NOK-Präsident Willi Daume, ein eifriger Tennisfreund, hatte die Idee gerne aufgegriffen und wahr gemacht. Wegen des nicht immer sicheren Wetters im Herbst in Baden-Baden hatte man vorsichtshalber die Spiele in das Tennis-Center Rösingen verlegt und nicht an der Lichtentaler Allee gespielt. Gemeldet hatten 80 Herren (unter 45) und Senioren (über 45), die Teilnehmer kamen aus 26 Nationen. Im Finale der Senioren erwischte ich wieder einmal einen exzellenten Tag, ich besiegte den Ungar Deszö Vad, der 1948 Zweiter im Wimbledon-Junioren-Turnier war, und bewies, wie das „Badische Tagblatt“ schrieb, daß man auch als „alter Herr“ im Tennis noch viel bringen kann.

Die Schlagzeilen auf den Sportseiten in den folgenden Jahren – 1982, 1983, 1984 und 1985 – glichen einander fast aufs Haar. „Kempa krönt die zweite Karriere: Europameister“, „Monsieur Handball zum drittenmal Europameister“, „Kempas Hattrick. Wieder Europameister“. 1985 hieß sie, wie gesagt, ähnlich. Mit einem großen Beisatz: „Bodo Nitsche wurde Europameister.“ Der damals 46jährige ehemalige Studentenweltmeister vom TEC Waldau Stuttgart war bei den Internationalen Seniorentitelkämpfen in Baden-Baden in seiner Klasse (45 bis 55) bester Mann. Im Finale schlug Nitsche den Brasilianer Lehman in drei Sätzen. Ich holte mir mit meiner Partnerin Rosemarie Jung (Wetzlar) im Mixed meinen 8. EM-Titel, den dritten hintereinander.

Immer im Mittelpunkt: Bernhard Kempa mit den Fußballweltmeistern vom 1. FC Kaiserslautern, Horst Eckel und Ehrenspielführer Fritz Walter (oben) – beim „Festival der guten Taten" mit Costa Cordalis, Otto Diepholz und Veranstaltungsarrangeur Horst Rippert (unten)

... am Prominentenstammtisch auf dem Volksfest (am Mikrofon Gerd Million), Heinz Fütterer (links) und Marianne Kempa (rechts)

... und als Zuschauer neben Ministerpräsident Erwin Teufel und Arbeitgeberpräsident Dieter Hundt.

Bald ist der Trophäenschrank für die Pokale viel zu schlank

Tennis-Rückblick von 1982 bis 1985

Am 19. Januar 1982 notierte Klaus Schlütter in der BILD-Zeitung: „Bernhard Kempa (61) krönte die zweite Karriere: Europameister" und ergänzte im Bildtext: „Im Trophäenschrank wird's immer enger". Richtig, ich war mit meinem Partner Heinz Gieren in Seefeld bei den Europameisterschaften Meister im Herren-Doppel (ab 60) geworden und erhielt dafür auch ein herzliches Glückwunschschreiben von unserem damaligen Göppinger Oberbürgermeister Hans Haller. Und weiter ging's; fast auf den Tag genau ein Jahr später (18.1.1983) titelte die BILD-Zeitung: „Monsieur Handball zum drittenmal Europameister – im Tennis". Mit Heinz Gieren aus Frankfurt verteidigte ich den Vorjahrestitel

In meinem „Ehrenzimmer" in Boll ist kaum noch Platz für das Klavier.

erfolgreich. In einem riesigen Match, das in zweieinhalb Stunden über drei Sätze ging, bezwangen wir Kessler/Kremer (Lahnstein) mit 6:4, 4:6, 7:5.

Weil aller guten Dinge drei sind, schafften Heinz Gieren und ich auch 1984 den Titelgewinn in Seefeld. Diesmal mußten wir im Finale gegen Bollen/Benrath (Frankfurt/Bocholt) ran, abermal ging's über drei Sätze und erneut wurden zweieinhalb Stunden Spielzeit gestoppt.

Noch im gleichen Jahr sammelte ich einen weiteren Europatitel, diesmal im Freien. Bei den Internationalen Meisterschaften der Senioren in Baden-Baden siegte ich zusammen mit meinem neuen Partner Walter Kessler, mit dem ich in den nächsten Jahren von Erfolg zu Erfolg eilte. Und nach wie vor verstand ich mich mit Rosemarie Jung (Wetzlar) sehr gut. Wir gewannen das Mixed, also wieder zwei EM-Titel (Klasse 55 bis 65).

Der Film riß bei mir nicht. Man schrieb jetzt das Jahr 1985, und man traf sich zu den EM-Titelkämpfen, wieder im Freien und erneut in Baden-Baden. Ich holte mir nach zehn DM-Titeln meinen achten EM-Titel an der Seite von Rosemarie Jung.

Tennis mit früheren Spitzensportlern

Wie sehr Tennis ein Sport für jedermann ist und bis ins hohe Alter gespielt werden kann, das unterstrichen die DM-Titelkämpfe in Bad Neuenahr im Sommer 1985. „Olympiasieger, Welt-, Europa- und Deutsche Meister spielen bei der Senioren-DM“ titelte die Rhein-Zeitung am 11. Juli 1985 und zählte eine Vielzahl von ehemaligen Cracks auf, die längst nicht alle aus dem Tennislager kamen, aber alle weit im Seniorenalter standen. Neben Helga Masthoff, die damals noch als die „erfolgreichste deutsche Spielerin aller Zeiten“ galt, war auch Bodo Nitsche wieder dabei und gewann den Titel seiner Klasse. Bodo Nitsche war deutscher Davis- und Kingscupspieler, Studentenweltmeister 1963 und spielte noch beim TEC Waldau in der Bundesliga. Aber auch Carsten Keller, 1972 Olympiasieger im Hockey in München, zeigte starkes Tennis und, um die wirklich „Alten“ nicht zu vergessen: Sepp Schmücker, ein ehemaliger Leichtathlet (1928 betreute er die portugiesischen Leichtathleten bei den Olympischen Spielen in Amsterdam) drosch noch immer den Ball vehement über das Netz, und auch die 80jährige Liesel Bach, ehemalige Kunstflug-Europameisterin, drehte nicht nur damals noch so manche Runde im „Flieger“, sondern überstand auch einige Runden auf dem Tenniscourt. Das schafften auch die Exkicker Edu Hundt aus Bremen, ein dreifacher Nationalspieler und Sepp Seemann (57), die beide auch das große runde Leder noch recht flott hüpfen lassen konnten.

Heute weiß ich, was man mit 80 bringen muß, um noch so fit zu sein wie Sepp Schmücker oder Liesel Bach damals. Aber ganz so schwer ist mir das eigentlich nie gefallen und auch heute fällt es mir nicht sehr schwer. Mein Ernährungsplan hat über all diese Jahrzehnte hinweg einen strikten Rahmen gehabt und ich habe mich weitgehend, meist sogar ganz korrekt, an diesen Rahmen gehalten. Ich bin 1.82 m groß und habe während meiner aktiven Zeit als Handballspieler stets ein Gewicht zwischen 83 und 87 Kilogramm gehabt. Heute, in meiner zweiten Sportart, bringe ich 83 Kilogramm auf die Waage.

Golfversuche

Von meiner Amerikareise vor einigen Jahren hatte ich noch immer meine Golfausrüstung und jetzt, mit 65, packte es mich – durch einen Zufall; Rudi Schwing nahm mich einfach einmal mit auf den Golfplatz. Nur so, zum Zuschauen. Natürlich blieb es dabei nicht. Probier's doch mal, lockte mein Freund. Und ich probierte. Mein Abschlag war nicht Spitze, da war er mir überlegen, aber lag der Ball einmal auf dem Green, dann staunte mein Freund: Beim Einputten brachte ich es fertig, den Ball oft mit einem einzigen Schlag, manchmal aus einer Entfernung von zirka 20 Metern ins Loch zu bringen. Mit einem Ball, egal welcher Größe, kann ich einfach gut umgehen – Ballspielen macht mir eben Spaß.

Vor 15 Jahren feierte ich meinen 65. Geburtstag. Eigentlich hätte ich jetzt in den Ruhestand gehen oder hätte diesen Schritt schon hinter mir haben können. Mein Schulrektor hatte mich jedoch bei meinem kleinen „Abschiedsfest“ 1985 gebeten, das Wintersemester noch durchzuziehen und erst am Ende des Semesters die Schulbücher in den Schrank zu stellen. Ich wußte, der Sport würde mir nicht davonlaufen und die Trennung von meinen Studenten fiel mir wirklich nicht leicht. Also unterrichtete ich weiter und hielt am Vormittag meines Geburtstags brav Unterricht an der Berufspädagogischen Hochschule Esslingen. Erst dann ging es zum familiären Fest in unserem Häusle in Göppingen. Es war eine schöne Feier, nur eines wollte mir trotz aller Ehrungen und Geschenke nicht in den Sinn: Mein Gott, 65! So alt fühle ich mich doch noch gar nicht. Und ich mußte an das Abschiedsschreiben von Minister Engler denken, der mir für den Ruhestand gewünscht hatte, daß ich als Pensionär fleißig Tennis und Golf spielen und vielen ein Beispiel für ein aktives Leben geben möge. Ich glaube, ich habe mich redlich an diesen Wunsch gehalten. Ich hatte jetzt ja auch unendlich viel Zeit für all meine vielen Hobbies.

Von wegen Ruhestand – es wurde richtig unruhig

1986 bis 1989

Kaum hatte ich im Februar 1986 das Wintersemester abgeschlossen und mich jetzt auch von meinen Studenten verabschiedet, da flatterte mir ein Schreiben auf den Tisch. Der Deutsche Tennisbund nominierte mich für den Britannia Cup. Dieser Cup ist die inoffizielle Tennis-Mannschafts-Weltmeisterschaft für Senioren; sie fand 1986 in Bournemouth (England) statt. Aber der Mai und Juni waren nur der Anfang weiterer Nominierungen, Bewährungsproben, Einsätzen und, und, und: Gleich nach dem Britannia Cup standen in Pörtschach am Wörthersee die Weltmeisterschaften der Senioren an. Dort war ich im Doppel dabei und inzwischen hatte ich ja auch angefangen, im Einzel zu melden. Nicht ganz erfolglos – nachdem ich im Doppel mit Walter Kessler bis ins Halbfinale gekommen war, schaffte ich im Einzel den dritten Platz. Ich besiegte den Amerikaner Carnell 6.2 und 6:1, den Norweger Nordvik 6:3 und 6:2, unterlag aber dann dem Australier Henley.

Apropos Einzel. Da spielte ich einmal, ziemlich am Anfang meiner Teilnahme an Einzelwettbewerben, bei den „Deutschen“ in Bad Neuenahr und traf auf einen Stuttgarter namens Eugen Hehl, den ich nicht kannte, ja, von dem ich bis dahin auch noch nichts gehört hatte. Ich wußte dann bald ein bißchen mehr: Ich verlor in zwei Sätzen. Nicht knapp, nein, Hehl fertigte mich 6:0, 6:0 ab – die Höchststrafe im Tennis. Irgendwie war mir das Spiel komisch vorgekommen, als ob da etwas nicht gestimmt hätte. Das Ergebnis wollte einfach nicht in meinen Kopf. Keineswegs hatte sich der Stuhlschiedsrichter „verzählt“, denn auch ich und andere waren zu dem gleichen Resultat gekommen. Passiert war folgendes: Mein Gegner spielte immer nur mit der Vorhand, auch wenn ich ihm den Ball präzise auf die Rückhand spielte. Wie das?

Hehl wechselte den Schläger blitzschnell von Hand zu Hand! Stets so, daß er die Vorhand links und rechts einsetzen konnte und damit einen großen Vorteil hatte. Ein totaler Beidhänder, er spielte links wie rechts treffsicher.

Mir war das in keinem der beiden Sätze aufgefallen, so aufgeregt war ich, so perplex, daß Hehl alle meine Bälle retournieren konnte. Erst als man mich aufklärte, sah ich klarer. Und jetzt erfuhr ich auch, wer Hehl war: ein erfolgreicher Regionalligaspieler und Württembergischer Meister seiner Klasse. Bei der „Württembergischen" einige Zeit später begegneten wir uns wieder und ich unterlag abermals, aber diesmal erst nach drei Sätzen – ich hatte inzwischen Erfahrungen gesammelt, hinzugelernt und mich ein bißchen auch mit der Hehlschen Taktik angefreundet. Wiederum etwas später sogar so sehr gut, daß ich Hehl in zwei Sätzen schlagen konnte. Aus Erfahrung wird man klug, und auch im Tennis braucht man Erfahrung.

Daß ich in den letzten Jahren enorm an Erfahrung gewonnen hatte, merkte ich deutlich, als ich 1988 bei den Senioren-Europameisterschaften in Seefeld nicht nur mit Walter Kessler unseren Doppel-EM-Titel erfolgreich verteidigte, sondern auch im Einzel schon recht erfolgreich abschnitt. Ich belegte wieder einen dritten Platz, was ich nicht nur als schönen Erfolg wertete, er gab mir vor allem auch sehr viel Auftrieb und stärkte mein Selbstvertrauen.

Nach der Rückkehr aus Seefeld stand allerdings zunächst ein anderes Highlight an. Nicht, daß meine Frau Marianne und ich ohne Schmerzen und Wehmut von unserem Häuschen in der Zeppelinstraße in Göppingen Abschied genommen hätten, aber wir freuten uns doch auf unser neues Zuhause. Wir hatten im Kornbergweg in Boll ein schön gelegenes Haus erwerben können, das sich idyllisch an die Hänge der Boller Heide schmiegte und einen wunderbaren Ausblick auf das Panorama von Stuifen, Rechberg und Hohenstaufen über den Schurwald bis zu den Fildern bot. Was Marianne ganz besonders entzückte:Nun hatte sie nun wieder den Blick auf „Berge“, die sie ja von ihrem Zuhause am Starnberger See gewohnt war und so liebte.

Vor dem Umzug nach Bad Boll war freilich noch ein anderes Erlebnis von Wichtigkeit. Im schwedischen Bastaad wurde (1987) der Britannia Cup gespielt, also wieder die Mannschaftsweltmeisterschaft der Senioren ausgetragen. Mit Walter Kessler, der als Kapitän fungierte, sowie Dr. Emil Biller und Heinz Gieren war auch ich nominiert worden und nach einem glatten 3:0-Sieg über Dänemark verloren wir das Halbfinale gegen die USA 0:3. Die USA besiegten dann Schweden im Endspiel mit 2:1. Für uns war dieser dritte Platz ein Riesenerfolg.

Heitere und gleichwohl erlebnisschöne Tage verbrachte ich sodann zusammen mit Marianne in Hinterzarten und danach in Gerlingen. Nach Hinterzarten hatte uns das dortige Bürgermeisteramt zum Internationalen Tennisturnier eingeladen. Gerlingen feierte das 25jährige Bestehen seines Tennisclubs und ich spielte ein Doppel mit Ministerpräsident Lothar Späth gegen den Kunstkoordinator der Landesregierung, Dr. Dr. Hannes Rettich und Ministerialdirektor Alois Sabel. Auf dem Schiedsrichterstuhl saß die Frau des Gerlinger Bürgermeisters Sellner, Heidi Sellner.

Diese „Spaßspiele“, die mir unendlich viel Freude bereiteten, wurden dann wieder vom Ernst der Dinge abgelöst. Die 13. Internationalen Titelkämpfe in Seefeld standen an. Es war wieder Januar geworden, man schrieb das Jahr 1989, 350 Teilnehmer aus 19 Nationen hatten gemeldet.

Daß man mich inzwischen auch im Einzel zu den stärksten Seniorenspielern in Europa zählte, unterstrich ich im Verlauf des Turniers. In Runde 3 traf ich auf den Ranglistenspieler Ernst Noack (Altötting), ein konditionsstarker und wegen seines sicheren Spiels gerühmter Gegner. Die Hürde war hoch, aber ich konnte sie mit 6:2, 4:6 und 6:3 überspringen, hatte es danach mit dem Titelverteidiger und Turnierfavoriten Nordvik aus Norwegen zu tun. Wieder mußte ich drei Sätze bestehen, um ins Halbfinale einziehen zu können, wo ich dann gegen Hanrath verlor – die beiden Drei-Satz-Matches hatten ihre Spuren hinterlassen. So reichte es nur zu einem 3. Platz.

Im Doppel kam ich mit Kessler ins Endspiel. Wir waren gegen Johansson/Kizling (Schweden/Monaco) nicht chancenlos, nachdem ich mir aber zu Beginn des zweiten Satzes eine Zerrung zuzog, war der Weg für Johansson/Kizling (7:5, 6:4) frei und uns blieb der 2. Platz.

Immerhin hatte ich in diesem Jahr 1989 meinen 68. Geburtstag hinter mir – da wird man schon nachdenklich. Nach schweren Spielen, Drei-Satz-Matches und schon einem dritten Platz im Einzel war die Zerrung für mich zwar eine schmerzliche Erfahrung, eigentlich aber, so zog ich Bilanz, hatte ich schon ein langes Sportlerleben hinter mir, ohne groß und oft verletzt gewesen zu sein. Ich meine, daß ich dies meiner sportlichen Lebensweise ver-

Ein bewährtes Doppel: Walter Kessler und Bernhard Kempa.

danke. Gewicht halten, gesunde Ernährungsweise, viel, aber nicht zuviel Training, dieses wohl dosiert und auch in der Härte angepaßt an das Lebensalter. Und immer wieder eine ärztliche Untersuchung – noch heute gehe ich jedes Jahr zweimal zum Arzt und lasse einen Checkup machen. Der Körper muß fit sein, wenn man Anforderungen an ihn stellt. Die Organe müssen ihr Soll erfüllen können, ich trinke ganz gerne mal ein Glas Wein, aber ich rauche nicht. Das habe ich nie getan.

Also mit 68 eine Zerrung? Das Wehwehchen hat mich nicht umgeworfen, ich habe meine Lebensweise nicht geändert, dazu, meine ich, war keine Veranlassung.

Nein, und auch meine Einstellung zum Spiel selbst hat sich nicht geändert. Spiel ist für mich, bei allem Ernst, der vorhanden sein muß, ein Spiel. Der Gegner ebenso wie der/die Partner(in) ein Freund, der fair behandelt werden will und muß. Darum habe ich mich – im Stillen zumindest – auch nie den Äußerungen mancher männlichen Mixed-Partner angeschlossen, die da meinten, ein Mixed sei ein Herren-Einzel mit „Damen-Behinderung". Nein, mein Motto war eher: Man muß die Dame voll integrieren, aber dabei selbst Chef im Ring bleiben. Und meine langjährige Partnerin Rosemarie Jung, mit der ich viele schöne Matches bestritten und auch gewonnen habe, meinte dazu – lustig aber listig blinzelnd: „Natürlich hat der Bernhard die Hosen an, aber ich höre nicht immer auf ihn." Auch mein Freund und häufiger Doppelpartner Walter Kessler spielt gerne Mixed und vertritt ganz ähnliche Ansichten wie ich: „Nie vergessen, daß man eine Dame an seiner Seite hat, sie ständig aufbaut und ansonsten den Mund hält."

Nicht vergessen habe ich eine schöne Veranstaltung, die der TC Esslingen im Oktober 1989 arrangierte. Mit TCE-Vizepräsdident Arnulf Eckert spielte ich ein Doppel gegen die VfB-Fußballstars Klaus-Dieter Sieloff und Hermann Ohlicher, die beide bestes Tennis zelebrierten. Der eigentlich Spaß war aber, was der TCE und der Württembergische Tennis-Bund in diese Veranstaltung packten.

Von einer Radarpistole, die die Aufschlaggeschwindigkeit maß, über Luftballons und Clowns bis zu vielerlei neckischen Spielchen für Kinder und Erwachsene bot dieses Trimm-Festival alles, was einen solchen Tag mit Fantasie, Spaß und Spiel anreichert und unvergeßlich macht. Es war ganz einfach begeisternd.

Und mit diesem Stichwort wieder zurück zum „Spitzen"-Tennis. Nach dem 1. Internationalen Tennisturnier von Hinterzarten vor zwei Jahren war der badische Kurort im Hochschwarzwald, eigentlich primär als Wintersportort berühmt, auch zu einer Topadresse für Tennis-Seniorenspieler geworden. Das liegt (auch) an der Atmosphäre dieses Turniers, an der Herzlichkeit der Gastgeber um Bürgermeister Hansjörg Eckert und Ehrenbürger Georg Thoma. Mit Walter Kessler (Herren-Doppel) und Ruth Krommes (Mixed) gewann ich zwei Titel in Hinterzarten. Das Damen-Einzel holte sich übrigens damals Alena West-Klein (auch das Mixed gewann sie), die viele Jahre für den TC Weißenhof spielte und mit diesem dreimal Deutscher Mannschaftsmeister wurde. Viele Jahre davor, als Alena noch in ihrer Heimat (damals CSSR) lebte und in Ostrava oft gegen und mit Olga Lendl Tennis spielte, hatte sie, so erzählte Alena in Hinterzarten, einen netten Balljungen – Ivan Lendl, den Sohn von Olga, der dann einige Jahre später selbst Tennisgeschichte schrieb. Und, auch das weiß ich von Alena, als Ivan größer war und schon Tennis-Weltklasse spielte, lief er im Winter viel Ski und sein Konditionstrainer auf Skiern war – jedenfalls gelegentlich – Georg Thoma, der Weltmeister und Olympiasieger in der Nordischen Kombination. Solche Dinge gibt es, und so sieht man sich beim Tennis-Seniorenturnier in Hinterzarten wieder.

„Kempa spielt mit Köpfchen"

1994/95

Ich sei ein Phänomen, schrieb Klaus Schlütter in der BILD. „Wo die Gegner ihr Laufvermögen ausspielen, setzt er den Kopf ein". Die meisten Bälle würde ich schon aus der Luft direkt nehmen und die Punkte vor allem damit machen. Richtig erkannt und gut gesehen.

Über Neujahr hielt ich mich mit meiner Familie in Montegrotto auf, wo ich mich zwischen Fango und Thermalbad in einem kleinen Turnier gezielt auf die Europameisterschaften in Seefeld/Tirol vorbereitete. Das war anscheinend richtig, denn zur Überraschung aller wurde ich im Einzel und im Doppel Europameister. Mein Turnierverlauf in dem 32er-Feld hatte folgende Stationen: Gegen Engebretsen/Norwegen 6:2, 6:3 gegen Flakus/BRD 6:3, 6:2, gegen Maringer/Österreich 6:1, 7:5 und Endspiel gegen Nordvik 6:3, 6:4. Im Doppel mit Kessler gewannen wir Endspiel gegen Nordvik/Engebretsen 6:3, 6:4.

Das letzte Turnier dieses langen und anstrengenden Jahres 1994 waren die Internationalen Deutschen Titelkämpfe in Bad Wiessee. Mit meinem Partner Rudi Schwing verloren wir das Endspiel gegen Ritzenberg/Kizling relativ deutlich, für uns war es trotzdem die Vizemeisterschaft. Dafür klappte es im Mixed mit meiner Partnerin Uschi Heidemüller im Endspiel gegen Lenart/Kunze besser. In drei Sätzen 7:5, 2:6, 6:2 gewannen wir und wurden Deutscher Meister.

Einen angenehmen Ausklang des Tennisjahres brachte mir ein Einladungsturnier Ende Oktober, das auf der Anlage des Hotels Los Monteros in Marbella ausgetragen wurde. Wir alle erfreuten uns an der Sonne, dem Wasser und dem schönen Strand und empfanden die Spiele als willkommene Unterbrechung. Das Teilnehmerfeld war klein, die Altersklassen waren „fließend" und die Möglichkeit zu gewinnen groß. Ich gewann das Einzel gegen

Paish/England (ein ehemaliger Daviscupspieler) und damit die Einladung zum Turnier für das nächste Jahr. Zusätzlich siegte ich im Mixed mit Ilse Michael aus Bremen. So war dieser Aufenthalt in Los Monteros für mich und meine Frau Marianne ein wunderschöner Saisonabschluß 1994.

Die Weltmeisterschaften und Cupspiele 1995 führten uns im Mai/Juni nach Nottingham (England). Bei der WM spielte ich gegen Carlos Rae (Australien) 7:5, 6:2, gegen meinen argentinischen Freund Barbozza 6:2, 6:0, im dritten Spiel schlug ich Miller (USA) 3:6, 7:6, 7:5 – das Match dauerte drei Stunden – und im Halbfinale gab es für mich gegen Ritzenberg zwar keinen Sieg (2:6, 1:6), aber mir blieb doch der dritte Platz.

Der anschließende „Bitsy Grand Cup" wurde in Bournemouth ausgetragen. Unsere Mannschaft spielte mit Kessler, Dr. Roßkopf, Kempa. Die Begegnung mit Norwegen konnten wir 3:0 für uns

Pörtschach: Turnierdirektor Neumeyer ehrt Europameister Kempa.

entscheiden, gegen Schweden gewann ich zwar mein Einzel gegen Larsson, aber das Endergebnis lautete 1:2. Die deutsch-australische Begegnung endete 0:3 und wir mußten uns mit dem vierten Platz in der Nationenwertung begnügen.

Kurz nach der Englandreise fanden wieder die Europameisterschaften in Pörtschach statt. Ich startete im Einzel und Doppel und wurde in beiden Disziplinen ich Europameister. Der Endspielgegner im Einzel war Gordon Henley aus Australien, den ich in drei Sätzen mit 6:4, 6:7, 6:3 besiegte. Das Endspiel im Doppel mit Mirek Kizling aus Monaco gewannen wir in drei Sätzen gegen Urien/Barbozza (Argentinien) mit 6:2, 4:6, 6:1.

Jedes Jahr im Juli finden in Bad Neuenahr die Deutschen Meisterschaften statt. Um mich ein bißchen zu erholen, spielte ich diesmal im Doppel und Mixed, kein Einzel. Mein Doppelpartner war Heinz Zelt, ein Tenniscrack aus Krefeld, der mich bei meinem

Ein ungleiches Paar, aber ein erfolgreiches Doppel: Bernhard Kempa und Heinz Zelt.

Titelgewinn im Handball mit Frisch Auf Göppingen 1954 in Krefeld (DM 1954) hatte spielen gesehen, mich seitdem bewunderte und, wie er sagte, einfach mal an meiner Seite Tennis spielen wollte. Obwohl Heinz im Vergleich zu mir ein „kleiner Mann" ist und nur 1.6o Meter mißt, schlugen wir uns wacker und drangen bis ins Finale vor. Hier unterlagen wir dann jedoch dem Doppel Kampe/Bruno mit 4:6, 4:6 – die Nerven hatten bei Heinz Zelt nicht mehr mitgespielt.

Im Mixed erreichten Uschi Heidemüller und ich auch das Finale und hier gingen wir als Sieger vom Platz. Wir holten uns mit 6:0, 6:1 den Titel.

Lieber Leser, Sie sind gleich erlöst von meinen vielen Berichten über das Tennisjahr 1995. Aber die Internationalen Deutschen Meisterschaften in Bad Wiessee stehen noch aus. Im Einzel gewann ich gegen Heinz Zelt das Endspiel und im Mixed mit Uschi Heidemüller gegen Lenart/Kunze ebenfalls das Finale und zwar mit 6:4, 6:1. Zum Schluß darf ich sagen, daß das Jahr 1995 mein erfolgreichstes Tennisjahr war.

Neue Regel für Veteranen: „no ad" nach 40:40

Seit zwei Jahren wird bei den Tennis-Senioren über 60 plus bei größeren, auch internationalen Turnieren eine neue Spielregel ausprobiert, sie heißt „no ad" (no ad steht für no advantage = kein Vorteil). Bei einem Spielstand von 40:40 in einem Satz, egal welcher es ist, heißt es jetzt „no ad", was bedeutet, daß es nach 40:40 nicht mehr mit Vorteil für den einen oder anderen Spieler weitergeht, sondern der Spieler das Spiel gewonnen hat, der den nächsten Punkt macht. Das kann für einen guten Aufschläger ein Vorteil sein, der Rückschläger hat aber insofern auch einen Vorteil, als er dem Aufschläger vorgeben kann, nach welcher Seite dieser aufschlagen muß. Den Vorteil dieser neuen „no ad"-Regel sieht die ITF darin, daß die Spielzeit verkürzt wird, was insbesondere in einem dritten Satz oder bei großer Hitze für die älteren Spieler sehr wichtig sein kann. Nicht ausgeschlossen, daß es schon bald „no ad"-Spezialisten gibt.

Ende dieses Jahres will die ITF entscheiden, ob „no ad" in die Spielregeln aufgenommen wird. Um diese Entscheidung auf eine breite Basis zu stellen, hat die Internationale Tennis Federation (ITF) einen Spieler-Fragebogen herausgegeben.

„Nein, für den ‚Kempa' nehme ich kein Geld"

Anfang 1995 war ich auf einer Party. Nein, nicht in einer Disco. So heiß ging es nicht zu, aber mir wurde doch richtig warm ums Herz. Der Hamburger Handballverband (HHV) hatte mich eingeladen. Nanu, was wollten meine alten Freunde aus dem hohen Norden von mir, Hein Dahlinger, der „Atom Otto" (Maychrzak), und viele andere? Ein Schreiben des HHV vom 2. Januar 1995 klärte mich auf. Der HHV wollte, was viele andere Bundesländer schon hatten, nämlich eine eigene Handball-Zeitschrift herausgeben, und die Firma Nouar wollte die Idee in die Tat umsetzen. Ja, und was hatte ich damit zu tun? Was mit der Zeitschrift, was mit der Party? Zwei einfache Antworten: Die Zeitschrift sollte KEMPA heißen , und die Party diente der Einführung und Vorstellung der Zeitschrift.

Ich war, kurz gesagt, baff. Natürlich auch geehrt. Schließlich gab es doch auch im Norden viele ehemalige erstklassige Handballspieler, Dahlinge und Maychrzak zum Beispiel. Nein, der Kempa mußte es sein. Und so gab ich der Ordnung halber dem HHV offiziell mein Einverständnis, eine Zeitschrift auf den Titel KEMPA zu taufen, und signalisierte mein Kommen zur Party am 25.1.1995 im „Haus des Sports".

Ehrlich, es war eine gelungene Party, und ich habe mich riesig gefreut, viele alte Freunde wieder zu sehen. Und der HHV freute sich auch, erst recht, als ich dem Verband und dem Verlag bekundete, daß mir niemand dafür etwas zahlen mußte, daß das Blatt meinen Namen im Kopftitel tragen durfte. „Nein", sagte ich den zuständigen Herren, „ich nehme dafür kein Geld. Wenn Geld übrig bleibt, dann verwendet es für die Jugend. Ich bin und war immer Amateur, und da gibt es für mich kein Geld."

Und wenn ich kann
dann helf' ich auch,
denn helfen ist ein guter Brauch.

- *Als Schiedsrichter beim Fußballspiel Chefärzte der Klinik am Eichert gegen Landratsamt (für krebskranke Kinder)*
- *Mit der ZDF-Sportgruppe beim „Festival der guten Taten" (Horst Rippert)*
- *Mit den Prominentenkickern für Behinderte aus Möhringen*
- *Handball-Schiedsrichter bei Jubiläumsveranstaltungen*
- *Tennisturniere bei Vereinsjubiläen (für die Jugend)*
- *Radrundfahrt im Kreis Göppingen mit Klaus Riegert zugunsten behinderter Kinder*

Umfragen sind wie Roulette

Umfragen und Abstimmungen sind manchmal wie Lotto oder Roulette. Man sollte, vor allem persönlich, wenn man selbst betroffen ist, also mit im „Spiel“ ist, nicht allzu viel darauf geben. Und doch, ein bißchen schaut man sich solche Ergebnisse an, stellt sich selbst diese oder jene Frage. Man fragt sich auch: Wie hättest du denn abgestimmt.

Ich stellte mir diese Frage, als das Sportmgazin KICKER den Handballspieler des Jahrhunderts in Deutschland suchte und diesen in Joachim Deckarm fand. Ich finde, das ist ein gutes Ergebnis, ein sehr gutes sogar. Wahrscheinlich das einzig richtige. Deckarm, Weltmeister 1978, 104mal im Nationaltrikot, war ein echter Könner und ein sympathischer Sportler. Wenn man heute von ihm spricht oder an ihn denkt, taucht freilich nicht jener Deckarm vor dem geistigen Auge auf, der so elegant und zielsicher den Ball spielte, so vielseitig ein Spiel lenkte, sondern vielmehr der Deckarm, der am 30. März 1979 im Europapokalspiel seines VfL Gummersbach bei Banyasz Tatabanya in Ungarn auf einem Steinboden unglücklich stürzte und sich eine böse Kopfverletzung zuzog. Eine so böse, daß Deckarm noch heute ein Pflegefall ist. Auch so grausam kann Sport sein.

Diese Erinnerung hat mir für Sekunden den Blick getrübt. Fast hätte ich vergessen, was ich eigentlich sagen wollte. Vergleiche, gar über ein Jahrhundert hinweg, hinken schlichtweg. Man hat zum Beispiel auch die Langstreckenläufer verglichen. Aber, was hat ein Nurmi mit einem Haile Gebrselassie gemeinsam? Daß die Distanz, die sie laufen oder gelaufen sind, gleich lang ist? Nur – die Voraussetzungen sind nicht die gleichen (gewesen) nicht der Belag der Laufstrecken, nicht die Laufschuhe, nicht die Zeitmessung, geschweige denn die Trainingsmethoden.

Ach ja, was ich noch sagen wollte. Hinter Deckarm, hinter Rekordnationalspieler Frank-Michael Wahl aus der früheren

DDR, der Zweiter in der Handballspieler-Abstimmung wurde, belegte ich den dritten Platz. Drittbester Handballer des Jahrhunderts, ich konnte es und kann es noch immer fast nicht glauben. Es hat mich gefreut, aber es hat meine Meinung über den Wert solcher Abstimmungen nicht geändert. Ich bin stolz darauf, meiner Zeit, meinen Jungs etwas gegeben zu haben, ein fairer Sportsmann gewesen zu sein und dies in jeder Beziehung.

Sie alle standen
auf der andern Seite.
Und die sie kannten
sagten, das waren starke Leute.

- *USA: Mulloy, Tom Brown, Stewart, Sherman, Swetka, Hughes, Edwards, Seymour, Fritz Klein.*
- *AUSTRALIEN: McCarthy, Henley, Sedgman, Bob Hay, Smith.*
- *SCHWEDEN: Johansson, Larsson, Borglund.*
- *NORWEGEN: Nordvik, Hanes.*
- *ÖSTERREICH: Legenstein, Pokorny, Jirkowski.*
- *UNGARN: Stolpa, Lennert.*
- *ENGLAND: Kizling.*
- *FRANKREICH: Verrati, Pelizza, Bieher.*
- *ITALIEN: Isidori, Longo.*

Alle diese Spieler standen schon in Cup-Teams ihres Landes oder spielten in Wimbledon.

Seefeld –
für mich immer eine Reise wert

Seefeld in Tirol – das kleine Städtchen mit seinen knapp 2000 Einwohnern liegt 1180 m über Meer, hat als Luftkurort und Wintersportplatz einen international guten Namen und ist für mich so etwas wie ein Glücksbringer auf sportlicher Ebene. Wie immer im Januar waren auch im Jahr 2000 die Internationalen Europameisterschaften in Seefeld. 528 Teilnehmer wollten in den Klassen von 45 bis 80 plus (wobei der Jahrgang zählte) – jeweils in Steigerungsraten von 5 Jahren – Meister werden. Allein 32 Tennisveteranen stritten in der Klasse 80 plus, also meiner Altersklasse, um den Titel. Eine schwere Aufgabe, und obwohl ich in den Vorjahren in den Klassen darunter mehrfach Meister war, rechnete ich mir eine echte Chance aus. Ich fühlte mich topfit. Ich fühlte mich nicht nur so, ich war es auch, wie sich herausstellte. Ich wurde Internationaler Europameister der Klasse 80 plus. Und ich gab noch eins drauf.
Mit meinem alten Freund und Spielpartner Walter Kessler aus Lahnstein, mit dem ich schon so manchen Doppeltitel errungen habe, gewann ich auch das Finale im Doppel 80 plus. Ich habe mich mächtig darüber gefreut, zumal diese Titelgewinne auch definitiv darüber entschieden, wer nun die deutschen Farben bei den Weltmeisterschaften Ende März in Kapstadt vertreten würde. Ich wurde, neben Hunger, der in Seefeld an der Seite seines Partners Trost bis ins Doppel-Halbfinale gekommen war, für die Einzelspiele nominiert und zusammen mit Walter Kessler im Doppel gemeldet.

Walter Kesssler und ich waren zusammen von Bad Boll nach Tirol gefahren und wir wohnten wie immer in Seefeld im Hotel Lamm. Bei der Auslosung im Gemeinde-Tennis-Zentrum in Seefeld hatte ich Glück mit einem Freilos in der 1. Runde. Auch Albert Ritzenberg durfte in dieser Runde zuschauen. Er war, so jedenfalls wurde der Amerikaner vor Ort gehandelt, der große Favorit in der Klasse 80 plus. Albert war viele Jahre, ja Jahrzehnte Tennislehrer gewesen, zu seinen Schülern gehörten u.a. auch die Kennedy-Söhne. Und er war in Topform. Albert bestätigte mir auch, daß er sich ausgezeichnete fühle und sich bestens vorbereitet habe. Na ja, sagte ich mir, vielleicht schaffe ich wenigstens, das Finale zu erreichen. Ja, das schaffte ich. Hans Lortz war keine Gefahr für mich. Es setzte für Lortz die Höchststrafe – zweimal 6:0.

Der Norweger Egil Torjiusen, der schon verschiedentlich in der norwegischen Senioren-Cup-Mannschaft gespielt hatte, vermochte mich auch nicht zu stoppen. 6:3, 6:3 – ich stand im Halbfinale. Dort erwartete mich Georg Westphäling, ein Frankfurter. Zunächst hatte ich Schwierigkeiten, doch nur ganz geringe. 6:2 ging der erste Satz an mich und im zweiten hatte ich die richtige taktische Einstellung zu ihm gefunden: 6:0. Ich war im Endspiel. Klar, wer mir hier gegenüber stand. Albert Ritzenberg, der Amerikaner, der Favorit war.

Zu Beginn des ersten Satzes sah es auch so aus, Albert führte schnell 2:0, dann noch 5:4, doch das war sein letzter Spielgewinn in Satz eins. Ich gewann 7:5. War's meinerseits nur ein Strohfeuer? 1:6 gab ich den zweiten Satz ab, doch ich wußte, daß ich hätte zusetzen können, als ich 1:3 und 1:4 zurücklag. Aber ich wollte keine Kraft vergeuden und ließ alles auf den entscheidenden dritten Satz ankommen. Vor diesem bat Albert Ritzenberg um eine zehnminütige Pause, die auch gewährt wurde. Albert setzte sich auf seinen Stuhl, lockerte sich und seine Muskeln und wähnte sich bestens erholt. Ich hatte meinen Stuhl stehen lassen und war an die frische Luft gegangen. Ich sah hinaus ins weite Land, hin zu den herrlichen Bergen und atmete die gesunde Luft in tiefen Zügen ein.

Dann ging's weiter. Und wie! Ritzenberg führte im 3. Satz mit etwas Glück und zu meinem Entsetzen gleich 2:0. Jetzt nur kein 3:0, waren meine Gedanken. Das wäre womöglich das Ende meiner Chance gewesen, den entscheidenden Satz zu gewinnen. Eine andere Taktik mußte her. Ab sofort forcierte ich mein Angriffsspiel, mischte es mit guten Volleys, Stops und Lobs. Das war zwar riskant, aber dank meiner Konzentration brachte es mir Punkt für Punkt. Ich hatte Albert, den versierten Grundlinienspieler, mit meiner überraschenden Taktik aus dem Rythmus gebracht. Aus dem 0:2 wurde ein 2:2. Ich gewann sechs Spiele hintereinander und beendete den entscheidenden Satz mit 6:2. Der Favorit war geschlagen – verdient, wie mir alle danach bestätigten. Der überlegene Taktiker habe gewonnen, lobte man mich, der Mann mit der klar besseren Spielübersicht. Dinge, die ich zuvor in meinem Leben als Handballspieler so oft schon gehört hatte: Taktik, Spielübersicht, Köpfchen. Ich war zufrieden, ja, ich war glücklich. Vielleicht auch ein bißchen stolz. Es war mein 31. Internationaler Europa-Titelgewinn, und jetzt wollte ich den 32. auch gleich schaffen.

Ein sehr erfolgreiches Duo: Walter Kessler und Bernhard Kempa.

Die Doppelspiele standen nämlich an, und mein Freund Walter Kessler stand bereit. Lassen Sie es mich kurz machen, Walter und ich holten den Sieg in einem erlesenen 16er-Feld. Wir schlugen in der ersten Runde die norwegisch/britische Paarung Torjiusen/Stewart, – Stewart hatte im Einzel immerhin die dritte Runde erreicht – 6:3, 6:3, waren dann gegen das deutsche Doppel Georg Hunger/Gerhard Trost erfolgreich und nun stand uns, oder jedenfalls mir, im Finale erneut Albert Ritzenberg gegenüber, der mit dem Norweger Olaf Nordvik ein starkes Doppel bildete. Es war in der Tat stark, aber nicht stark genug – Walter und ich siegten 6:3 und 6:4 und waren damit zusammen Internationaler Europameister 2000 im Senioren-Doppel 80 plus.

Es war eine gute Heimfahrt, die mich noch über Rosenheim führte zu meinen Sparringspartnern Gabi und Hubert Kynast, die mir zu diesem Erfolg gratulierten und mich mit einem Gläschen Sekt hochleben ließen. Und es war auch eine schöne Rückkehr nach Bad Boll, wo mich Marianne sehnlichst erwartete. Du bist wieder gesund da, freute sich Marianne. Und ich freute mich mit: Das Jahr meines 80. Geburtstags hatte gut angefangen, zumindest sportlich.

Kapstadt – Stürme und Niederlagen

Der Gardner Mulloy-Cup 2000 für Senioren 80 plus im März in Kapstadt (Südafrika) war ein Festival der Stürme und bescherte dem deutschen Team (Hunger, Kessler, Zelt und Kempa) leider fast nur Niederlagen. Wir schieden in der Gruppe 1 mit 0:3 gegen den späteren Cupsieger USA und einem bitteren 1:2 gegen Argentinien im Kampf um die vorderen Plätze 3 und 4 aus und wurden dann in den Spielen um Platz 5 bis 8, wobei wir gegen Norwegen und Südafrika mit je 2:1 gewannen, Fünfter. Das war immerhin noch ein anständiges Abschneiden.

Bei den anschließenden Weltmeisterschaften im Einzel und Doppel traf es mich dann knüppeldick. Weshalb auch immer, ich zog mir eine böse Erkältung zu, bekam kaum noch Luft, mußte ständig husten und fühlte mich richtig entkräftet. Die Folge: Gleich in meinem ersten Einzel gegen den Australier Kornfeld habe ich nach dem ersten Satz zurückgezogen. Weitermachen hatte einfach keinen Sinn mehr, schließlich war mir meine Gesundheit doch wichtiger als ein vielleicht noch knappes Resultat. Um meinen Freund Kessler nicht zu enttäuschen, versuchte ich trotzdem, das Doppel zu spielen. Im Viertelfinale gegen Barbozza/Urien (Argentinien) mußten wir dann allerdings die Segel streichen und verloren 6:3, 6:1. Weltmeister wurden die Amerikaner Swetka/Atkinson gegen die Argentinier Barbozza/Urien mit 6:2, 6:3.

Bis zum Rückflug nach München erholte ich mich nicht ganz. Fast noch eine Woche lag ich hernach zu Hause im Bett und mußte den Arzt bemühen, um wieder auf die Beine zu kommen.

Trotzdem, Kapstadt ist schon eine Reise wert. Wir – Marianne war mit dabei – haben viel gesehen und erlebt, obwohl uns die heftigen Stürme und die 30 Grad Hitze schön zugesetzt haben.

Das war wie eine Achterbahn

In den letzten fünf Jahren bin ich sportlich – erfolgsmäßig gesehen – ein bißchen Achterbahn gefahren. Meist freilich war ich eher oben als unten, immerhin gab es eine ganze Menge erster Plätze. Aber auch kleinere Verletzungen und Unpäßlichkeiten spielten eine Rolle, keineswegs ernsthafte Sachen, aber doch eben Dinge, die man, wenn man erst einmal 75 Jahre alt ist, spürt, wenn es gilt, hundertprozentig fit zu sein. Doch der Reihe nach; Sie werden sehen, daß ich noch immer nicht am Stock gehe.

Da war zunächst der Bitsy-Grant-Cup 1996 in Bad Waltersdorf (Österreich), den Deutschland mit Gantzer, Dr. Biller und mir bestritt. Wir schlugen England 3:0, Österreich 3:0 und hatten gegen die USA leider auch diesmal das Nachsehen: 3:0 besiegten uns die Amerikaner. Aber für uns war das die Vizeweltmeisterschaft, ein Riesenerfolg.

Von Waltersdorf aus machten wir uns frohgemut auf den Weg nach Wien zu den Weltmeisterschaften im Einzel und Doppel. Nach einem Freilos gewann ich mein erstes Spiel gegen Livingstone (Südafrika). Das zweite Match gegen Starling (GBR) endete 6:2, 6:2.

Das nächste Spiel bei größter Hitze und fast dreistündigem Kampf verlor ich unglücklich gegen Swetka (USA) mit 3:6, 6:2, 6:7 (Tiebreak 11:13) und belegte damit den fünften Platz.

Im Doppel mit Andreas Stolpa (Ungarn) siegten wir im Halbfinale gegen Kizling und Starling (GBR) mit 6:2 und 6:1 und erreichten damit das Endspiel. Das Finale begannen wir recht hoffnungsvoll gegen Miller und Hughes (USA). Im 1. Satz hieß es 6:2 für uns, im 2. und 3. Satz aber zeigten die amerikanischen Meister ihr wahres Können, gewannen 6:0 und 6:3 und überließen uns nur den Vizetitel. Aber auch das war für uns ein großer Erfolg. Wir haben diese Vize-Weltmeisterschaft am Abend mit Vergnügen und ausgiebig gefeiert.

Nach einer längeren Pause standen im August die Internationalen Deutschen Meisterschaften in Weißach am Tegernsee auf dem Terminplan. Es war ein sehr erfolgreicher Abschluß des Jahres 1996 mit zwei deutschen Meistertiteln. Ich konnte sowohl das Einzel gegen Stachowitz (6:2, 6:3) als auch das Doppel mit Stachowitz gewinnen.

Sehr viel besser sah meine Bilanz 1997 aus. Bei den Internationalen Europameisterschaften in Seefeld führte mein Weg durch Siege über Contet (Frankreich), Scheidel (Wien), Dr. Spieß (Österreich), Nordvik (Norwegen) ins Endspiel gegen den Vorjahressieger Stolpa (Ungarn). Ich erwischte einen hervorragenden Start und gewann den ersten Satz mit 6:1. Aber Stolpa – ein mehrfacher erfolgreicher Daviscupspieler für sein Land – konnte den zweiten und dritten Satz gewinnen. Ich freute mich aber auch über den Vizemeistertitel.

Im Doppel hieß diesmal mein Partner Nordvik aus Norwegen. Der Finalsieg mit 6:3, 6:2 gegen Stachowitsch (Österreich)/ Griffin (USA) machte uns zum Europameister.

Im April 1997 war wieder der Bitsy Grant-Cup an der Reihe. Er sollte in Hobart (Australien) ausgetragen werden. Nachdem ich aus gesundheitlichen Gründen dem DTB (Deutschen Tennis Bund) absagen mußte, beschloß dieser, unsere Mannschaft der Senioren 75plus für dieses Turnier nicht zu melden.

Von meiner Krankheit erholt, nahm ich bei den Internationalen Europameisterschaften in Pörtschach teil. Ich war Gott sei Dank wieder gut in Form und erspielte mir im Einzel gegen Marre (Holland) in einem spannenden Endspiel mit 3:6, 6:1, 6:2 den Titel. Und dann gelang mir das gleiche im Doppel zusammen mit Stolpa gegen Kizling/Marre mit 6:4, 6:0.

Klosters in der Schweiz war im August angesagt. Bei einem Traumwetter und mittleren Bergwanderungen war das Tennisspielen schon fast ein Vergnügen. Das Endspiel verlor mein sympathischer langjähriger Freund Gordon Henley aus Australien gegen mich 4:6 und 1:6. Im Doppel – ich spielte in der tieferen

Beim Bitsy Grand Cup im März 1999: Ernst Meidhof, Bernhard Kempa und Ernst Noack.

Klasse 70plus – gewann ich mit dem Österreicher Ossi Jirkowski gegen Matton (Frankreich)/Nichois (USA) das Endspiel.

Danach standen wieder die Internationalen Deutschen im Tegernseer Tal an. Ich will es kurz machen. Einzelsieger gegen Stachowitz, Doppelsieger mit Henley (Australien) gegen Dr. Biller/Stachowitz. Das waren DM-Titel Nr. 45 und 46.

Natürlich konnte es ganz so toll nicht ewig weitergehen. Beim ersten Turnier 1998 in Seefeld (Int. Europameisterschaften) errang ich noch einen dritten Platz im Einzel. Verrati (Frankreich) und ich schafften gegen die schwedisch/deutsche Paarung Borglund/Noack die Meisterschaft im Doppel.

Das zweite große Ereignis 1998 wäre für mich der Bitsy Grant Cup in Boca Raton (Florida) gewesen, aber ich mußte erneut, diesmal wegen einer Viruserkrankung, absagen. Dafür war ich in Pörtschach bei den Internationalen Europatitelkämpfen wieder dabei, allerdings nach meiner Krankheit im Mai noch nicht wieder ganz fit. Zu allem Übel zog ich mir in der dritten Runde im Einzel gegen Verrati auch noch eine Oberschenkelzerrung nach einem 6:6 im ersten Satz zu – also Aufgabe.

Halbwegs fit startete ich mit Stolpa zusammen doch auch noch im Doppel. Wir erreichten nach dem Halbfinalsieg gegen Dr. Biller/Noack das Finale gegen Marre/Faißt. Doch wir konnten nicht antreten, denn auch Stolpa verletzte sich im Halbfinale, so daß wir beide humpelten und auf das Finalspiel verzichten mußten.

Nach einer längeren Pause folgte ich einer Einladung zu den Internationalen Schweizer Meisterschaften in Klosters. In einer so schönen Landschaft war natürlich auch Wandern in den Bergen angesagt. Im Turnier mußte ich dann mit einem dritten Platz im Einzel zufrieden sein, dafür klappte es im Doppel mit Marre zusammen besser, gegen Kizling/Nichols siegten wir 3:6, 7:5, 6:4.

In Bad Wiessee bei den Internationalen Deutschen mußte ich im Einzel wegen Verletzung aufgeben, im Doppel verlor ich mit Kizling gegen Bruno/Meidhof das Endspiel und wurde Vizemeister.

Nicht so sehr glücklich begann das Jahr 1999 für mich. Wie so viele Menschen erwischte auch mich eine Grippe, die zu einer Lungenentzündung ausartete, und ich hatte mehrere Wochen damit zu tun, bis ich wieder auf den Beinen war. So mußte jedenfalls Seefeld einmal ohne mich stattfinden.

Bei den Weltmeisterschaften und Cupspielen in Barcelona konnte ich wieder mitspielen. Doch zum Cup-Auftakt mußten wir gleich wieder gegen die USA antreten und verloren 0:3.

Zwar schlugen wir danach Norwegen 3:0 und besiegten auch Argentinien 2:1, doch der Kampf um einen Vorderplatz war schon verloren, wir konnten nur noch um Platz 5 spielen und verloren dieses Spiel gegen Österreich.

Der Modus dieser Cupspiele ist nicht verwirrend, aber vielleicht ein wenig ungerecht. Aus den angetretenen 15 Nationen wurden vier Gruppen gebildet. Die Sieger der vier Gruppen spielten anschließend um die Plätze 1 bis 4, die jeweils Gruppenzweiten um die Plätze 5 bis 8, die Dritten um die Plätze 9 bis 12, die Vierten spielen die letzten Plätze aus. Da in den verschiedenen Spieljahren die Teilnehmerzahlen differieren, muß sich der Modus jeweils anpassen.

In den Spielen um die WM holte ich mir im Einzel gegen den Niederländer Roorda nach einer 6:2 und 1:0-Führung eine Zerrung und mußte aufgeben. Wohl trat ich im Doppel mit Marre zusammen noch an, aber die Verletzung war doch schwerer als ich wahrhaben wollte – im Viertellfinale schieden wir aus.

Auch die Internationalen Europameisterschaften in Pörtschach im Juni brachten für mich nicht die gewohnten Ergebnisse. Im Halbfinale verlor ich gegen den amtierenden Weltmeister Ossi Jirkovsky, was den dritten Platz bedeutete. Erwähnen muß ich dazu, daß ich in meiner Klasse 75plus altershalber das letzte Jahr spielte, während Jirkovsky als Newcomer vier Jahre jünger war und so vielleicht physisch bessere Voraussetzungen hatte. Im Doppel mit Verrati standen wir im Endspiel gegen Lenart und Hesz aus Ungarn bzw. Großbritannien und verloren 5:7 und 1:6.

Noch war das Turnierjahr 1999 nicht zu Ende. Der August stand noch an mit den Internationalen Deutschen Meisterschaften in Weissach am Tegernsee. Im Viertelfinale gewann ich gegen den Italienischen Meister Coj aus Rom mit 6:2, 6:3. Bei großer Hitze um die Mittagszeit spielte ich dann gegen Ernst Meidhof, einen Cupspieler meiner (deutschen) Mannschaft, ein langes 3-Satz-Match, das 3:6, 6:3 und 5:7 für Meidhof endete. Als Trainer in heißen Ländern war Meidhof die Hitze besser gewohnt. Im Doppel konnte ich mich zusammen mit meinem süddeutschen Freund aus Altötting, Ernst Noack, ein klein wenig an Meidhof revanchieren. Wir warfen Meidhof und seinen Partner Bruno, die Vorjahressieger, im Halbfinale aus dem Rennen. Im Endspiel gegen Stachowitsch/Häfner (Österreich/Deutschland) konnten wir mit 6:4, 6:0 die Deutsche Meisterschaft gewinnen. Im Nachhinein stelle ich jetzt fest, daß das Jahr 1999 gar nicht so unglücklich verlaufen ist. Zumindest der Abschluß der Turniersaison endete mit dem Gewinn einer Deutschen Meisterschaft. Der Wechsel ins Milleniumjahr scheint mir doch recht gelungen zu sein, was für die sportliche Zukunft noch einmal ein bißchen was verspricht.

Pörtschach 2000 – zwei Siege und eine Blutvergiftung

Für viele Menschen ist der Wörther See ein gefragtes Reiseziel. Erholung und Entspannung am größten See Kärntens, der 439 Meter über dem Meeresspiegel liegt, 17 Kilometer lang, bis zu 1,6 Kilometer breit und 84 Meter tief ist, sind in erster Linie die Reisegründe. Aber auch die Kultur hat am und rund um den Wörther See ein Zuhause. Velden, Maria Wörth und Pörtschach, alle direkt am See gelegen, sind die bekanntesten Orte, und alle sind auch berühmte Bade- und Sommerferienorte.

Für mich hat der Wörther See, und ganz besonders Pörtschach, weniger mit Erholung zu tun, mehr mit Sport – Spiel, Satz und Sieg. In den letzten Junitagen diesen Sommers im Jahr 2000 fanden in Pörtschach die 43. Internationalen European Championchips for Veterans statt, wie diese Titelkämpfe im internationalen Terminkalender heißen.

Ich war dabei, und ich war kein Neuling dort. Pörtschach ist für mich seit vielen Jahren ein liebes Reise(Sport)-Ziel, und ein erfolgreiches dazu. Ich habe in Pörtschach schon so manchen Titel gewonnen und viele nette, freundliche Menschen kennengelernt, manchen davon als guten Freund gewonnen.

Auch in diesem, meinem 80. Lebensjahr, war ich nicht ohne sportliche Hoffnungen nach Pörtschach gefahren. Marianne, meine Frau, war mit dabei und eigentlich hatten wir uns vorgenommen, ein wenig auch die schöne Landschaft zu genießen, nette Stunden abseits des roten Tennissandes zu finden, dahin und dorthin zu wandern. Daraus ist nicht arg viel geworden. Eine schöne Dampferfahrt mit allen Turnierteilnehmern haben wir gemacht, eine besonders nette Abendfahrt auf dem See in guter Stimmung, die der Turnierausrichter veranstaltete. Sonst aber standen die Tennisplätze des Hotels Werzer, direkt am See gelegen, im Vordergrund – die Titelkämpfe hatten wie meist Vorrang.

Ich hatte mich ganz gut auf die Matches vorbereitet, zumal ich wußte, daß jeder einzelne Gang kein Spaziergang werden würde. Das 38er Feld war gespickt mit Namen von Rang; auch aus den USA, Australien und Brasilien waren starke Spitzenspieler angereist und Großbritannien hatte mit George Stewart, Mirek Kizlink und George Hesz gleich drei Asse geschickt. Schließlich waren auch die Norweger Olaf Nordvik und Egil Torjiusen nicht zu unterschätzen.

In der 1. Runde hatte ich ein Freilos, dann traf ich auf Hans Lortz. Er verlor 0:6 1:6. In diesem Spiel spürte ich, daß ich gut drauf war. Im Halbfinale war mein alter Freund aus Australien, Gordon Henley, mein Gegner. Daß es ein heißes Match werden würde, war mir sofort klar.

Aber ich hatte eine Handvoll lautstarker Fans auf den gut besetzten Rängen. Marianne hatte tags zuvor auf einer Radtour in einer Gaststätte vier Mitglieder des Stammtisches „Die Dickwampeten“ – frühere Spieler aus meiner Frisch Auf-Herrenmanschaft – getroffen, die dort gerade ihren Abschied vom Urlaub feierten.

Als Marianne den Grund ihrer Anwesenheit am Wörther See erzählte und einfließen ließ, daß ich anderentags das Halbfinale der Europameisterschaft in meiner Seniorenklasse spielen würde, da erschienen sie tatsächlich am anderen Tag auf den Werzer-Plätzen in Pörtschach und bejubelten jeden Punkt für mich lautstark. Ich mußte viele Punkte machen, denn Gordon Henley war ein guter und vor allem listenreicher Spieler und schenkte mir nichts. Beide Sätze waren schwer umkämpft, wie das Ergebnis 6:4, 6:4 belegt.

Damit ging es ins Endspiel gegen den starken Olav Nordvik aus Norwegen – ein zäher, kampfstarker Gegner –, der mir aus vielen früheren Begegnungen bestens bekannt war. Nebenbei gesagt, er ist für mich ein großartiger Freund.

In einem zweistündigen Match auf dem Centercourt ging der 1. Satz mit 6:4 an mich. Der 2. Satz verlief bis zum 6:6 sehr spannend und wechselvoll. Nun hatte ich die Möglichkeite, die Europameisterschaft im Tibreak zu entscheiden, denn ich wollte unbedingt einen 3. Satz vermeiden. Meine Taktik war jetzt, mit einem riskanten Angriffsspiel und eingestreuten Stopbällen alles zu versuchen. Olavs Konzept war, seine schwächere Rückhand zu umlaufen, um mich dann mit seinen schnellen, langen und gut plazierten Vorhandbällen in Bedrängnis zu bringen. Dies gelang ihm jedoch zu meinem Glück nicht immer, und so konnte ich mit 8:6 im Tibreak meinen 33. Europatitel gewinnen. Die Zuschauer waren froh, daß sie wieder normal durchatmen konnten.

Den 34. Titel holte ich fast anschließend. Mit meinem Doppelpartner Werner Bruno kamen wir über das Halbfinale gegen Mulloy Gardner/Ralf Wilson (beide USA) nach einem 6:2/6:0-Sieg ins Endspiel gegen Henley/Kornfeld (Australien). Nach dem ersten Satz, den wir 3:6 verloren, vor allem weil wir Positionsprobleme im Spiel hatten, stellten wir um und kamen jetzt zu einem ungefährdeten Sieg. 6:2, 6:1 endeten die Sätze zwei und drei. Wie gesagt, der EM-Titel Nr. 34 für mich.

Eigentlich hätte ich jetzt Feierabend machen und die Seele baumeln lassen wollen, aber ich mußte mit meinem Doppelpartner Bruno noch ein Spiel im Erdteilvergleich Europa gegen die USA bestreiten, und das beim Stand von 7:6 für die USA. Doch Bruno und ich gewannen unser Doppel und verhalfen so Europa noch zu einem verdienten 7:7.

Pörtschach also war wieder eine Reise wert. Und es war wieder eine schöne Reise. Doch kaum zu Hause in Boll, bekam ich Bauchschmerzen. Böse, schlimme – ich mußte ins Krankenhaus, wo man nach mehreren Tagen und vielen Untersuchungen feststellte, daß ich eine Blutvergiftung hatte, hervorgerufen von Bakterien im Blut. Fast zwei Wochen lag ich im Bett, nahm einige Kilogramm ab. Nur langsam, Schritt für Schritt, kam ich endlich wieder auf die Füße.

Fritz Braitsch war nicht nur ein sehr guter und erfolgreicher Tennisspieler, er war auch Mitbegründer des Tennis-Clubs Boll und 18 Jahre lang Präsident desselben. Seit zehn Jahren ist er Ehrenpräsident. Für mich war er immer ein guter und hilfsreicher Sparringspartner vor größeren Turnieren.

Gibt's das FA-Geburtstagsgeschenk zum 81. im nächsten Jahr – den Aufstieg?

Frisch Auf verpaßte in der Relegation die große Chance. Wie es dazu kam und wie es vielleicht weitergehen könnte, weiß Thomas Lober, Handballexperte und Sportredakteur bei der Neuen Württembergischen Zeitung (NWZ) in Göppingen.

„Seit 1996 ist Frisch Auf Göppingen bemüht, wieder an erfolgreichere Zeiten anzuknüpfen. Mit der Verpflichtung von Kurt Reusch als Trainer schien Frisch Auf vor drei Jahren den ersten Schritt dazu getan zu haben. Reusch, der Trainer der deutschen Juniorennationalmannschaft, sollte die jungen Akteure unter den Hohenstaufen locken. Dies, vorab gesagt, kann man als mißlungen bezeichnen. Doch außerdem wurde Kurt Reusch verpflichtet, auch den Nachwuchs im eigenen Verein wieder nach oben zu bringen. Dies gelang schon besser. Erfolgreich war auch die Maßnahme, ein regionales Leistungszentrum in Göppingen zu installieren.

Außerdem hatte sich Reusch einen Drei-Jahres-Plan für das große Ziel „Erste Liga" ausgearbeitet. Im ersten Jahr seiner Tätigkeit erfüllte er die Erwartungen; im zweiten Jahr mit Platz 6 nicht.

Aber da gilt es zu bedenken, daß mit dem Ex-Nationalspieler Markus Hochhaus ein wichtiger Mann den Verein in der Vorrunde Richtung Nettelstedt verließ. In der letzten Runde schließlich sollte dann der große Wurf gelingen. Frisch Auf hatte sich mit dem jugoslawischen Nationalspieler Alexander Knezevic verstärkt. Hinzu kam, daß die neue treibende Kraft im Verein, Andreas Schweickert, hauptsächlich für Management und Marketing zuständig, als Bonbon noch den brasilianischen Nationalspieler Bruno Souza servierte.

Alles schien seinen Weg zu gehen, doch als der Rundenbeginn mißlang, geriet der Trainer schnell in die Schußlinie. Drei Minuspunkte kassierten die Göppinger zu Anfang gegen Gensungen und Friesenheim und nach der Niederlage bei der HG Erlangen schien das Fässchen am Überlaufen. Aber die Oberen im Verein waren nicht entschlußbereit. Da kam ihnen Kurt Reusch zuvor, er erklärte, er werde zum Ende der Saison aufhören. Kurt Reusch, der schon eine Runde zuvor Zielscheibe aus Spielerkreisen war, zeigte Rückgrat. Er wollte sich einer neuerlichen Schmach – schon in der Vorsaison war ein niederschmetterndes Abstimmungsergebnis der Mannschaft an die Öffentlichkeit gelangt – nicht mehr aussetzen.

Jetzt wurden die verantwortlichen Leute aktiv: Karl Friedrich, der Geschäftsführer, und ebenso der Marketingleiter Andreas Schweickert, unterstützt von seinem neuen Intimus Alexander Kolb, der aus dem Presseteam ins Management aufgerückt war. Und die beiden machten Nägel mit Köpfen und setzten sich durch. Karl Friedrich nämlich hatte Dutenhofens Trainer Velimir Petkovic als Reusch-Nachfolger auserkoren, Schweickert und Kolb jedoch Christian Fitzek. Letzterer machte dann auch das Rennen. Mit dieser Aktion waren die Leute, die bislang das Sagen hatten, weiter entmachtet. Horst Singer – obwohl nicht mehr in Amt und Würden, wollte immer noch an Kurt Reusch festhalten – und Karl Friedrich hatten eine schmerzhafte Niederlage einstecken müssen.

Sportlich dagegen ging es wieder bergauf. Frisch Auf hielt Kontakt zu Spitzenreiter Solingen, ja lag sogar teilweise selbst an der Tabellenspitze. Doch dann platzte der Traum vom direkten Aufstieg wie eine Seifenblase. Beim EHV Aue im Erzgebirge gab es eine blamable 28:34-Niederlage und nach 25:1 Punkten in Serie hatte diese Niederlage Folgen. Solingen ließ sich die Meisterschaft nicht mehr nehmen und Frisch Auf hatte zwei Aufstiegsspiele gegen den Nordzweiten Eintracht Hildesheim zu bestreiten. Das gab natürlich noch einmal zusätzlich Geld in die

Kasse, denn die Hohenstaufenhalle war zum wiederholten Male in dieser Saison ausverkauft. Sportlich schien auch alles nach Plan zu laufen. Das Spiel in Göppingen wurde mit vier Toren Differenz gewonnen. Aber das Rückspiel in Hildesheim hatte es in sich: Mit 26:31 hatte Göppingen das Nachsehen und der Traum vom Aufsteigen war ausgeträumt.

Zum Glück, wie sich inzwischen herausstellte. Nach der unendlichen Geschichte des VfL Gummersbach mit der Folge der Aufstockung der Ersten Liga kann Frisch Auf froh sein, nicht in der Elite-Liga vertreten zu sein. In der nächsten Saison werden dann nämlich, nach dem jetzigen Stand der Dinge, vier Mannschaften absteigen und der Fünftletzte muß noch in die Relegation. Da haben es die Neulinge natürlich besonders schwer.

Dieses Problem hat Frisch Auf in der Zweiten Liga nicht zu erwarten. Allerdings ist jetzt der Erwartungsdruck unendlich groß. Christian Fitzek und seine Mannen sind zum Direktaufstieg verdonnert. Die Göppinger haben sich nämlich weiter verstärkt. Während der abgelaufenen Runde holten sie Torwart Bulei vom damaligen Erstligisten Schutterwald. Jetzt wurden mit Roggisch, ebenfalls Schutterwald und Wulff aus Hameln zwei Abwehrstrategen an Land gezogen. Als sich Rechtsaußen Stafan Klaus einen Kreuzbandriß zuzog und weil der andere rechte Flitzer, Matthias Dudium, an Rückenproblemen leidet, wurde kurzerhand noch Schilling, ebenfalls aus Schutterwald, zumindest bis zur Winterpause mit Option auf Verlängerung verpflichtet. Der dickste Fisch aber ging Frisch Auf mit dem Linkshänder Idam Maimon ins Netz. Der Kapitän der israelischen Nationalmannschaft soll für noch mehr Wirbel im Angriff sorgen. Doch mit der Verpflichtung des Linkshänders tauchte ein anderes Problemchen auf: Maimon ist der dritte (teuere) Nicht-EU-Ausländer. Also muß entweder er, Souza, der Publikumsliebling aus Brasilien, oder Knezevic, der in der letzten Phase der vergangenen Saison seine große Klasse bewies, auf der Zuschauerbank Platz nehmen. Aber Bruno Souza geht zunächst mit Brasilien auf die Weltmeisterschaft und Knezevic will zu den Olympischen Spielen nach Sydney, so wäre Christian Fitzek zumindest für einen Teil der Runde dieses Problem los. Doch der neue Mann am FA-Steuer, der auch schon seine Härte demonstriert hat, glaubt, so oder so mit der Sache fertig zu werden.

Kurzum, Frisch Auf muß Meister werden, damit in Göppingen die Lichter nicht ausgehen. Bernhard Kempa könnte dann an seinem 81. Geburtstag im nächsten Jahr von einem Erstligisten die Geburtstagsglückwünsche entgegennehmen. Ein Geschenk, das er sich schon diesmal, zum Achtzigsten, sehnlichst gewünscht hat.“

Ich habe ein Paket geschnürt

Ein Spiel hat zwei Halbzeiten. Ein Leben ist oft länger. In meinem Leben beginnt jetzt so zusagen die dritte Halbzeit. Sie wird sicher nicht mehr primär von Siegen und Titeln geprägt sein, nicht mehr Erfolge werden meinen Weg begleiten. Auch Lob und Anerkennung werden seltener werden. Aber ich werde mich nicht ins Abseits gestellt fühlen, mich auch selbst nicht in eine Ecke stellen. Leben ist für mich Bewegung. und ich will in Bewegung bleiben, mitmachen wo es geht, dabei sein – so wie der große Baron Coubertin in seiner olympischen Maxime vorgesagt hat: Dabei sein ist wichtiger als der Sieg.

Und: Ich habe ja auch meine Erinnerungen. Jean Paul, der Dichter und Theologe aus dem Fichtelgebirge, hat einmal gesagt, Erinnerungen sind das einzige Paradies, aus dem wir nicht vertrieben werden können. Honoré de Balzac formulierte es so: „Erinnerungen verschönen das Leben“ und ein Sinnspruch glaubt: „Das Gedächtnis hat kalte Seelen – die fühlenden sind Erinnerungen.“

Wenn ich mich prüfe, ob ich das Paket meiner Erlebnisse und Erfahrungen richtig geschnürt habe, so kann ich sagen, ich habe alles beisammen, alles Wichtige drin und ich stelle gewiß ein wenig verdutzt fest, daß es so ist. Meine Frau Marianne war mir dabei, Gutes wie vor allem auch Schlechtes zu überstehen und zu verarbeiten, eine lebenslange Hilfe. Daß ich möglicherweise nur die erfolgreichen Seiten aufgeschlagen habe und nicht auch die eine oder andere weniger gute? Mag sein; aber habe ich sie vergessen? Nein. Doch wohl einfach nur verdrängt. Im Nachhinein sind sie bei weitem nicht mehr so wichtig, wie sie vielleicht waren. Etwa Krieg, Kriegserlebnisse, die oft bittere Nachkriegszeit mit all ihrer Not, ihren Entbehrungen, ja ihrem Elend. Niederlagen im Sport, die nicht ausgeblieben sind. Enttäuschungen manch anderer Art – nein, sie sind nicht nichtig geworden, sie haben mitgeprägt, den Weg mitgezeichnet Aber jetzt sind sie zweitrangig.

Wenn mein Paket zum 80. fertig ist, meine ich, ist ein gutes Paket daraus geworden, in Liebe gebunden und eingepackt, mit Sorgfalt ausgesucht. Und ich bin sicher, ich werde darin auch viele liebe Grüße von vielen lieben Menschen finden und oben drauf einen ganz besonders lieben Gruß von einem Menschen, der mir immer das Liebste war, seit ich ihn kenne. Ein Gruß von meiner Marianne. Danke, liebe Manny. Für alles – herzlichen Dank.

Ein guter Schluß

Eigentlich hatte ich nach den europäischen Titelkämpfen in Pörtschach, wohin ich seit vielen Jahren stets mit großer Liebe und besonderer Motivation gefahren bin, den Schlußstrich ziehen wollen (und sollen). Jedenfalls unter dieses Buch. Spiel, Satz und Sieg und zuvor Wurf und Tor sollten genug zu Wort gekommen sein.

Jetzt kommt doch noch ein kleiner Nachschlag hinzu. Man ist halt nicht immer so ganz Herr seiner Wünsche und Gedanken, und manchmal gibt man auch dem inneren Drängen allzu gerne nach. Daß ich Anfang August Marianne in ihre Heimat an den Starnberger See begleiten würde, war eine Selbstverständlichkeit. Es galt, wieder einmal Abstand zu gewinnen vom Alltag, es galt, Sonne, Luft und Wasser zu genießen und auch die lieben Verwandten wieder einmal zu begrüßen. Man sieht sich ja so selten. Vorweg: Es war ein schönes Wiedersehen.

Vorweg aber auch ein Geständnis: Auch der Tennisschläger sowie die weißen Shirts und Shorts waren im Kofferraum. Man konnte ja nie wissen. Freilich, dies wußte man im voraus: Knapp 60 Kilometer entfernt von Starnberg fanden zur gleichen Zeit die Internationalen Meisterschaften der Tennisveteranen statt – in Weissach/Tegernseer Tal.

Eigentlich also hatte die Versuchung schon in Boll begonnen. Und weil ich dann tatsächlich der Versuchung auch in Starnberg nicht widerstehen konnte und ein paar Tage zuvor beim Picasso-Turnier „Die Welt der Kunst gegen den Rest der Welt", wieder von Klaus v. Maur in Tamm arrangiert, gespürt hatte, daß ich ganz gut drauf bin und mit meinen fünf (verschiedenen) Partnern in diesem glänzend besetzten Turnier (Doppelspiele) auch recht gut ausgesehen habe, riskierte ich den Sprung hinüber nach Weissach.

Und ich tat keinen Fehlsprung. Mit meinem österreichischen Partner Mischa Stachowitsch, der nicht zum erstenmal an mei-

Nach dem Abschluß des Picasso-Turniers sitzen in fröhlicher Runde zusammen (von links): Bernhard Kempa, Prof. Franz Effenberger, Fritz Mutter (Vorstandsmitglied der Brauerei Dinkelacker Schwaben Bräu), Staatssekretär Sigfried Mosdorf und Dr.Dr. Hannes Rettich, ehemaliger Kunstkoordinator der Landesregierung.

ner Seite spielte – auf die Teilnahme im Einzel verzichtete ich –, wurde ich auch im Milleniumsjahr Internationaler Deutscher Meister (in der Klasse 75 Jahre). Wir besiegten im Endspiel die Paarung Dr. Erlewein/Häfner 1:6, 6:2, 6:4.

Es waren schöne Tage in Starnberg und Weissach – nebenbei gesagt, es war die 47. Deutsche Meisterschaft. Und vielleicht doch auch ein gelungener Abschluß meiner in diesem Buch dokumentierten sportlichen Erfolgsserien. Ein Abschluß, gerade noch rechtzeitig ins Buch gerutscht, ehe der verständnisvolle Verleger die Umschlagdeckel endgültig zuklappte.

Dank

Schon im Vorwort und den Grußworten spiegelt sich ein großer Teil vieler Begegnungen in meinem Leben wider.
Mein herzlicher Dank gilt an dieser Stelle Herrn Dr. Lothar Späth, dem ehemaligen Ministerpräsidenten von Baden-Württemberg, mit dem ich in einigen interessanten Einladungsdoppeln im Tennis spielte. Wir hatten dabei viel Erfolg und Spaß.
Herzlichen Dank widme ich auch dem stellvertretenden Ministerpräsident und Wirtschaftsminister des Landes Baden-Württemberg, Dr. Walter Döring, für seine freundlichen Worte.
Günther Oettinger, dem CDU-Fraktionschef im Landtag, danke ich für die aufrichtigen Sportsgrüße.
Dem Oberbürgermeister der Stadt Göppingen, Herrn Reinhard Frank, bin ich für die liebenswürdige Ehrung in seinem Grußwort sehr verbunden.
Sehr gefreut hat mich das Grußwort des NOK-Präsidenten Walther Tröger, mit dem ich viele schöne Erlebnisse besonders während der Olympischen Spiele in München 1972 hatte, wo ich ja als Sportdirektor in der Olympiahalle für den Bereich Handball tätig war.

Die wichtigste und erfolgreichste Station in meinem sportlichen Leben ist und bleibt Frisch Auf Göppingen. Deshalb schätze ich das Grußwort des Ehrenpräsidenten von Frisch auf Göppingen, Dr. Heinrich Zeller, besonders hoch ein und danke ihm sehr herzlich.
Dem Präsidenten des Tennisverbandes Württemberg, Walter Knapper, der zugleich Sportwart des Deutschen Tennis-Bundes ist, danke ich für die offizielle Anerkennung meiner Tenniserfolge auf nationaler und internationaler Ebene.
Ich danke dem Präsidenten des Handball-Verbandes Württemberg in der Person von Michael Giehrl für die liebenswürdigen Grußworte in meinem Erinnerungsbuch.

Meinem Freund Otto Maychrzak („Atom-Otto“) von Polizei Hamburg danke ich besonders herzlich für seine jahrzehntelange Sportlerfreundschaft im Handball.

Besonderen Dank aber an meine Frau Marianne, die so viel Verständnis für mich und meinen Sport während meiner Handballzeit und in meinen Tennisjahren auf sich nahm und mir bei der Entstehung dieses Buches eine große Hilfe war. Schließlich will ich Dank sagen an alle, die an diesem Buch beteiligt waren, nicht zuletzt meinem Wegbegleiter auf der letzten Etappe zum Ziel, dem Sportjournalisten Paul Allmendinger.

Handball-Geschichte

Frisch Auf Göppingen

mit Bernhard Kempa

1946:	FA Württ. Meister/Feld (ohne B.K.)
1947:	Bernhard Kempa übernimmt Training von FA (Mittelplatz in Württemberg)
1948:	FA Württ. Meister, 2 x Süddeutscher Meister (Feld) (4. Platz 1950, Spiele um Deutsche Meisterschaft)
1949/50/51:	FA Württ. Meister 1 x Süddeutscher Meister (Spiele um Deutsche Meisterschaft
1951:	FA A-Jugend Württ. Meister (Speidel, H.Singer, Wohletz, Harsch, Vollmer, Schwenk, Weiss, Pohl, Rentschler, Haller, Kehrer)
1952:	Württ. Meister (Feld)
1953:	1 x Württ. Meister/Halle, Württ. Meister, 2. Südd. Meister (Feld)
1954:	1 x Deutscher Meister/Halle (in Krefeld gegen Polizei Hamburg 10:7)
1954:	1 x Deutscher Meister/Feld (in Stuttgart gegen Lintfort 18:8)
1955:	2 x Deutscher Meister/Halle (in Karlsruhe gegen Polizei Hamburg 7:6 n.Verl.)
1956:	4. Platz Deutsche Meisterschaft/Halle (in Berlin)
1957:	2 x Deutscher Meister/Feld (in Karlsruhe gegen Leutershausen 11:9 n.Verl.)
1958:	3 x Deutscher Meister/Halle (in Haßloch gegen BSV Berlin 8:5 n.Verl.)
1959:	4 x Deutscher Meister/Halle (in Essen gegen Westerholt 8:5)
1959:	Verleihung Silbernes Lorbeerblatt durch Willi Daume (Würzburg)
1959:	Vize-Europacupsieger (in Paris gegen Göteborg 13:18)

1960:	5 x Deutscher Meister/Halle (gegen Hassee Winterbek Kiel)
1960:	Europacupsieger (in Paris gegen Aarhus 18:13)
1961:	6 x Deutscher Meister/Halle (in Berlin gegen Wolfsburg 5:3)
1962:	Europacupsieger (in Paris gegen Belgrad 13:11)
1966:	Bernhard Kempa übernimmt Traineramt bei FA (einstimmig)
1967:	Aufstieg in die Bundesliga
1968:	2. Platz in der Bundesliga
1969:	2. Platz in der Bundesliga
1970:	7 x Deutscher Meister/Halle (in Frankfurt gegen Gummersbach 22:18)
1971:	3. Platz in der Bundesliga – Bernhard Kempa tritt zurück

Trainer bei Frisch Auf

1947–1961:	Bernhard Kempa
1961–1966:	Edmund Vollmer
1966–1971:	Bernhard Kempa
1971–1973:	Edmund Meister
1973–1974:	Heinz Tröger/Erwin Singer (Mai bis Herbst)
1974–1975:	Erwin Singer (keine ganze Saison; Rollmann zusätzlich)
1975–1976:	Hans Klein (keine ganze Saison; die letzten 4 Spiele Horst Singer)
1977–1978:	Horst Singer (bis Februar 1978)
1978–980:	Erwin Blum
1980–1982:	Wolf Dieter Nagel (wegen Verletzung von H. Singer und Arnulf Dümmel vertreten) Nagel Ende 6.5.82
1982–1984:	Arnulf Dümmel
1984–1985:	Hans Moser
1985–1986:	Horst Keilwerth
1987–1988:	Zdravko Miljak
1988–1989:	Arnulf Dümmel
1989–1990:	Armin Eisele (Abstieg aus der Bundesliga)
1990–1993:	Thomas Kibele
ab 27.2.1993:	Rolf Schlögel
ab Juni 1993:	Dr. König
ab Feb. 1994:	Wolfgang Don (Abstieg in die Regionalliga)
1994–1996:	Dr. Brack (Spielgemeinschaft Frisch Auf mit Scharnhausen)
1996–1997:	Oleg Gagun (Moskau)
1997–2000:	Kurt Reusch
ab Saisonbeginn 2000:	Christian Fitzek

Handball-Erfolge

Als Aktiver:

31 Länderspiele (Feld und Halle) – 131 Tore
2 Studenten-Länderspiele (Halle) – 13 Tore
2 Deutsche Meisterschaften (Feld)
2 Deutsche Meisterschaften (Halle)
2 Weltmeisterschaften (Feld)
1 Vizeweltmeisterschaft (Halle)
2 Deutsche Pokalmeisterschaften (Feld)
1 Deutsche Pokalvizemeisterschaft (Feld)

Als Trainer bei Frisch Auf Göppingen:
(1947–1961 und 1966–1971):
2 Deutsche Meisterschaften (Feld) 1954 und 1957, auch als Spieler
7 Deutsche Meisterschaften (Halle) 1954/55/58/59/60/61/70, auch als Spieler 1954 und 1955
1 Deutsche Vizemeisterschaft Halle) 1956
1 Vize-Europacupsieger (Halle) 1959
1 Europacupsieger (Halle) 1960

Als Aktiver und Trainer:
26 Württembergische Meisterschaften (Feld und Halle)
23 Süddeutsche Meisterschaften (Feld und Halle)

Als Gasttrainer im Ausland:
1. Schweiz, 2. Frankreich, 3. Luxemburg, 4. Schweden, 5. Spanien, 6. CSSR, 7. Jugoslawien, 8. Griechenland, 9. Afrika, 10. USA, 11. Kanada, 12. Japan

Zu Nationalspielern wurden unter meiner Trainingsanleitung:
1. Vollmer, 2. H. Singer, 3. Grill, 4. Jarosch, 5. Wohletz, 6. Pflüger, 7. Bucher, 8. Bayer, 9. Bosch, 10. Weiss, 11. Eisele, 12. Epple, 13. Theiss, 14. Müller

Tennis-Erfolge

Verschiedene Seniorenklassen ab 1967

9 x Clubmeister im TC Göppingen (Einzel)
10 x Württembergischer Meister (Einzel/Doppel/Mixed)
47 x Deutscher Meister (Einzel/Doppel/Mixed)
34 x Europameister (Einzel/Doppel)
1 x Weltmeister (Doppel)
3 x Vizeweltmeister (Doppel)
1 x Weltmeister im Nationen-Cup
Spieler des Jahres 1997 (ETA)
12 x aktiv im Nationen-Cup für Deutschland (in England, Frankreich, Spanien, Österreich, Schweden, USA, Australien, Südafrika)

Ehrungen

1951	Ehrenplakette der Stadt Göppingen (OB Eberhard)
1953	Silbernes Lorbeerblatt als Weltmeister 1952 (Willi Daume)
1955	Sport-Ehrenplakette der Stadt Göppingen in Gold (OB Dr. König)
1955	Goldene Ehrennadel von Frisch Auf Göppingen
1955	Goldene Ehrennadel des Württembergischen Sportbundes
1959	Silbernes Lorbeerblatt mit Frisch Auf Göppingen (Willi Daume)
1970	Ehrenmitglied von Frisch Auf Göppingen
1970	Goldene Ehrennadel des Sportkreises Göppingen
1977	Bundesverdienstkreuz (Ministerpräsident Dr. Filbinger)
1980	Goldene Ehrennadel des Deutschen Handball-Bundes
1980	Goldene Ehrennadel des TC Göppingen
1982	Verdienstmedaille des Landes Baden-Württemberg (Dr. Späth)
1982	Weltpionierorden für Verdienste um den internationalen Handball
1982	Leistungsplakette der Deutschen Olympischen Gesellschaft
1984	Ehrenmitglied beim TC Göppingen und Goldene Ehrennadel mit Brillanten
1995	Höchste Auszeichnung (Jubiläumsausgabe) des Landkreises Göppingen (Landrat Franz Weber)
1997	Player of the year im Internationalen Tennis
1998	Goldene Ehrennadel des Württembergischen Tennis-Bundes (Knapper)
1999	Sportler des Jahrhunderts meiner Heimatstadt Oppeln (Oberschlesien)
1999	3. Platz in der Abstimmung des Fachmagazins KICKER: Sportler des Jahrhunderts (Handball)

Paul Hermann Allmendinger,
geboren 1927 in Stuttgart,
verheiratet, 1 Tochter

Nach dem Besuch der Staatlichen Dolmetscherschule Stuttgart (Englisch) und einer Übersetzertätigkeit im Innenministerium begann Paul Allmendinger seine journalistische Laufbahn als Volontär bei der Canstatter Zeitung und arbeitete dort zuletzt als Chef vom Dienst. Dann wechselte er zu den Stuttgarter Nachrichten und war dort 13 Jahre lang Redakteur Sport und 14 Jahre Panorama-Ressortleiter.
Berichte vor Ort von den großen Fußballereignissen, von Länderspielen, Europa- und Weltmeisterschaften der Nationalelf, von allen internationalen Spielen des VfB von 1963–1975, von der Sommer-Olympiade 1972 in München und der Winter-Olympiade 1976 in Innsbruck gehörten zu seinem Aufgabenbereich.
Paul Allmendinger war zudem 18 Jahre lang Kapitän und Leiter im Sportbereich des Württ. Sportjournalisten-Verbandes und Stellvertretender Vorsitzender im Präsidium. Für seine Verdienste erhielt er die Goldene Ehrennadel des Deutschen Journalistenverbandes und des Verbandes Deutscher Sportjournalisten.

KUNST-
BUCH
KINDER-
BUCH
UNTERHALTUNGSROMAN
AUTOBIO-
GRAPHIE
BESTSELLER
BUCH DER
BÜCHER
KRIMINALROMAN
PRUNKBUCH
Gebhard '99